ヘーゲル

——人と思想——

寄川条路 著

晃洋書房

まえがき

本書は、ヘーゲルについて書かれた、もっとも簡単な入門書であり、オーソドックスな解説書である。これまでの研究を総まとめにした、ヘーゲル哲学への案内であり、これ一冊でヘーゲルの全体がわかるようになっている。

ここでは、ヘーゲルが書いた著作はもちろん、ヘーゲルについて書かれた研究書もすべて読んだうえで、共通の理解として認められているものだけを抜き出している。そのためにも、ヘーゲル哲学について独創的な解釈を提示することよりむしろ、だれもが理解できるように、わかりやすいことばで一般的な理解を提示することに努めた。

したがって、本書は、ヘーゲル本のいわばスタンダードであり、偏った理解や解釈にはなっていないので、安心して最後まで読み通すことができるものと思う。これからヘーゲル哲学に触れる読者にとっても、いちばん手に取りやすいものに仕上がっていると確信している。

以下の叙述は、日本のヘーゲル研究でもっとも信頼のおける二つの事典にもとづいて、奇をてらわずに、ヘーゲルの人と思想を無難に描き出すものである。本論に入るまえに、ヘーゲル事典を挙げておく。あわせて、巻末の文献案内も参照していただきたい。

推薦図書

・岩佐茂ほか編『ヘーゲル用語事典』（未来社、一九九一年）。

大項目主義の読む事典で、解説を通読すると体系的な知識が得られる。ヘーゲル研究の初心者や、ヘーゲルの思想や弁証法に関心をもつ社会科学者・自然科学者をおもな対象に、現代ヘーゲル研究の成果を積極的に生かしながら、わかりやすいヘーゲル用語の解説をめざした事典といえる。ただし、マルクス主義的な観点からの記述が目立つ。

・加藤尚武ほか編『ヘーゲル事典』（弘文堂、一九九二年）。

ヘーゲルの用語、伝記上の人物、研究史について、約一〇〇〇項目を収め、多角的にヘーゲル像に迫り、日本のヘーゲル研究の水準を刷新した本格的な事典である。和文、欧文、人名の索引も完備した格好の手引であり、信頼に値する事典である。項目数が多く用語解説も詳しい。巻末の文献一覧・執筆年代表・詳細年譜も充実しており、日本のヘーゲル研究の集大成といえる。改訂された『縮刷版　ヘーゲル事典』（弘文堂、二〇一四年）もある。

ヘーゲル――人と思想――

目次

序章　ヘーゲルの生涯（一七七〇年〜一八三一年）

最初に、『ヘーゲル事典』に収められている「ヘーゲル詳細年譜」をもとに、ヘーゲルの生涯を概観しておこう。この年譜は、日本語とドイツ語の年譜を丁寧に拾い集めた詳細なものである。ヘーゲルの手紙や当時の思想状況から、ヘーゲルの一生の出来事を時系列的に網羅している。以下の叙述も、これによっている。

1　シュトゥットガルトの幼年期

一七七〇年八月二十七日、ゲオルク・ヴィルヘルム・フリードリヒ・ヘーゲルは、南ドイツのシュトゥットガルト市エーベルハルト街五十三番地で生まれる。父親はゲオルク・ルードヴィヒ・ヘーゲルといい、主税局で書記官をしていた。母親はマリア・マグダレーナ・ルイーザ・ヘーゲル（旧姓フロム）という。のちに妹クリスティアーネ・ルイーゼ・ヘーゲルと弟ゲオルク・ルートヴィヒ・ヘーゲルが生まれる。三人兄弟の長男であり、家庭ではヴィルヘルムと呼ばれていた。

母親は家庭教育にも熱心で、ヘーゲルは三歳でドイツ語学校に通い、五歳でラテン語学校に通う。

七歳でギムナジウム（一貫制の小学校・中学校・高等学校）に入学する。担任のレフラー先生は、ヘーゲルにドイツ語訳のシェイクスピア集を贈り、ヘーゲルはレフラー先生のもとで、イソップ物語、新約聖書、キケロなどを読んでいた。

一七八三年、ヘーゲルが十三歳のとき、母親が病気で亡くなる。ギムナジウム在学中、人文・社会・自然科学のあらゆる分野の本を読みあさり、「さまざまなことがらの定義」というノートを作っている。ヘーゲルは生涯にわたって、いろいろな作品からの抜粋を作っていて、客観的な事実を集めることに長けていた。

2　テュービンゲン神学校の学生

一七八八年、ヘーゲルが十八歳のとき、シュトゥットガルトのギムナジウムを卒業すると、南ドイツのテュービンゲン大学に付属する神学校に入学する。三十名の新入生のなかには、のちに詩人となるヘルダーリンもいた。

プロテスタント教会の牧師を養成するこの神学校では、まずは最初の二年間で哲学を学び、つぎに後半の三年間で神学を学ぶことになっていた。ヘーゲルは、哲学課程では、シュヌラー教授のもとで聖書を読み、フラット教授のもとでキケロを読んだり、形而上学を学んだりしている。また、レスラー教授のもとで哲学史を学んでいる。

二年間の哲学課程を修了すると、哲学修士の学位を与えられ、その後は、神学課程に進学して、三年間で神学を学んでいる。ヘーゲルは、神学課程ではシュトル教授のもとで、聖書やキリスト教の教義を学んでいる。そのほか、プラトンやカントの作品を読んでは、翻訳をしたり、注釈を付けたりしている。

一七九〇年、のちに哲学者となるシェリングがテュービンゲンの神学校に入学してくる。ヘーゲル、ヘルダーリン、シェリングの三人は、神学校にある寄宿舎の同じ部屋で過ごしている。在学中に、ヘーゲルは、ヘルダーリンの記念帳に「ヘン・カイ・パン」(一つですべて)という汎神論の公式を書き込んでいる。同じころ、テュービンゲン大学の教授で神学校の校長をしていたヘーゲルマイヤーの娘アウグステに恋をしていたヘーゲルは、友人フィンクの記念帳に、「去年のモットーは酒、今年のモットーは恋、アウグステ万歳」と書き込んでもいる。

一七九二年、フランス革命の影響を受けて、テュービンゲンの神学校にも政治的な学生サークルができ、フランスの新聞を読みあさっていたという。ヘーゲルはヘルダーリンとシェリングといっしょに、テュービンゲンの郊外に「自由の樹」を植えたという逸話も伝えられている。三人はともに、フランス革命の理念を賛美し、神学校の制度に反抗していた。これに対し、保守的な神学校では、フランス革命に賛同する学生たちに対する調査も行われていたという。

二十三歳となった一七九三年、ヘーゲルは宗務局の試験に合格して牧師補となったが、神学校を卒業してからは、卒業生の多くがそうであったように、教会からは離れたところに身をおき、貴族や商人の家に住み込んで子どもたちの家庭教師となった。

3　ベルンでの家庭教師

ヘーゲルは、スイスのシュタイガー家の家庭教師となり、ベルンに赴任する。ヘルダーリンは、カルプ家の家庭教師となり、ヴァルタースハウゼンに赴任する。五歳年下のシェリングは、まだテュービンゲンの神学校にいて、ヘーゲルに、フィヒテがカントを超えていることを告げていた。

一方で、ヘーゲルはシェリングにカント研究を再開したことを告げている。そして、シェリングへの手紙のなかで、ヘーゲルは、カントの体系を完成させてドイツに革命をもたらす、という計画をはっきりと伝えている。その後、シェリングは、一七九五年にテュービンゲンの神学校を卒業して、故郷のレオンベルクでリーゼル家の家庭教師となる。

ヘーゲルは、家庭教師先のベルンで、『イエスの生涯』や『キリスト教の実定性』などの神学論文を執筆しながら、一七九六年には、家庭教師の仲間といっしょにアルプス地方を徒歩で旅行している。また、ヘーゲルはヘルダーリンに詩を捧げ、フランクフルトのゴンタルト家の家庭教師となったヘルダーリンに、フランクフルトの家庭教師の職を紹介してもらう。

4　フランクフルトでの家庭教師

一七九七年のはじめ、ヘーゲルはフランクフルトでヘルダーリンに再会する。ここに、シンクレアやツヴィリングらとともに、厚い友情で結ばれたサークルが成立する。

ヘルダーリンはその後、フランクフルト近郊ホンブルクのシンクレアのもとに移り、一八〇一年から一八〇二年にかけて、スイスやフランスで家庭教師となる。しかし精神の病をきたして帰郷し、病状がますます悪化してほとんど錯乱状態に陥る。一八〇四年にいったんは復帰してホンブルクで図書館の司書となるものの、ヘルダーリンは、一八〇六年にはテュービンゲンの病院に入院し、その後は死ぬまでネッカー川のほとりにある、いわゆる「ヘルダーリン塔」のなかでひっそりと暮らすことになる。

一方、一七九六年のクリスマス、シュトゥットガルトに帰郷したヘーゲルは、妹クリスティアーネの友だちで、たまたま遊びにきていた五歳年下のナネッテ・エンデルと親しくなる。一七九七年から一七九八年まで、ヘーゲルは彼女に五通の手紙を送っていて、恋愛のような淡い付き合いをしていた。ヘーゲルがエンデルに送った恋文は、彼女の死後も大切に保管されていたが、エンデルがヘーゲルへ送った手紙は残されていない。

南ドイツのメミンゲン市にある製紙工場で働いていたエンデルは、一七九六年十二月に製造されたメミンゲン市議会の透かしが入った紙を使って、ヘーゲルに手紙を送っている。四つ折りにされて手紙に同封されたこの用紙に、ヘーゲルは、いわゆる『ドイツ観念論の最初の体系プログラム』を書き込んでいる。このプログラムは、内容からしても筆跡からしてもヘーゲルのものであって、ヘルダーリンのものでもシェリングのものでもない。エンデルがヘーゲルへの恋文に添えて送っていた白紙に、ヘーゲルはドイツ観念論の全体をとりまとめるような壮大な計画を書き込んでいた。

一七九七年のはじめ、ヘーゲルは故郷のシュトゥットガルトからフランクフルトに移り、ヘルダーリンの紹介で商人ゴーゲル家の家庭教師となる。このころ『ユダヤ教の精神』を執筆し、翌一七九八年の復活祭には、フランクフルトで、フランス語で書かれたスイスの政治家カルの『ヴァード地方とベルン市の以前の国法上の関係に関する親書』（いわゆる『カル親書』）をドイツ語に翻訳して、匿名で出版する。その後、ヘーゲル自身で『ヴュルテンベルクの最近の内情について』という政治的な本を書いて出版しようとするが、友人の忠告によって出版を取り止めている。そこで、カント研究を始めて、『キリスト教の精神』を書きはじめる。

一七九九年、父ゲオルクが亡くなり、十分な遺産を相続したヘーゲルは、宗教に関する論文のみならず、『ドイツ国家体制への批判』（いわゆる『ドイツ国制論』）を書きはじめ、あわせて、ジェームズ・ステュアートの経済学を研究しはじめている。そして一八〇〇年には、いわゆる『一八〇〇年の体系断片』を書いて、一七九八年にイエナ大学の員外教授となったシェリングに手紙を送り、「下位の欲求である宗教と政治から学問の形成へと自らの関心が移り、青年時代の理想は学問の体系へと進んでいかなければならなかった」と、当時の心境を伝えている。

5　イエナ大学の講師

一八〇一年、三十歳になったヘーゲルは、シェリングを頼ってフランクフルトからイエナへ移り、イエナ大学で教授資格を獲得するため、ラテン語の論文『惑星の軌道に関する哲学的論文』を書き上げる。その当時はまだ、ヘーゲルのみならず当時の哲学者たちは、ラテン語で惑星軌道論を書いて、大学の教授資格を獲得することになっていた。

ヘーゲルは、教授資格論文のなかで、テュービンゲン神学校の先輩であるケプラーの天体力学を高く評価しながら、それに対して、ニュートンの『自然哲学の数学的原理』は天体力学を数学と混同したものにすぎないと非難している。惑星の運動を力学的に説明する当時の物理学者を批判して、惑星を一つのまとまった体系とみなし、このシステムのなかに理性的な概念を見ようとしたものだった。ヘーゲルとしては、太陽から惑星までの距離は簡単な数列で表せるという、ドイツの天文学者ボーデによって提唱された法則を批判したつもりだったが、ちょうどそのときボーデの法則の正しさを証明する惑星が発見され、ヘーゲルの間違いが証明されてしまう。

一八〇一年十月、ヘーゲルは、処女作となる小著『フィヒテとシェリングの哲学体系の差異』(いわゆる『差異論文』)を出版し、カントとフィヒテを批判してシェリングを持ち上げる。同月、シェリングの助けを借りてイエナ大学の教授資格を取って私講師となり、一八〇一年冬学期から授業を始める。最初は、シェリングといっしょに「哲学」の演習を担当しながら、「論理学と形而上学」および「哲学入門」の講義も担当する。当初、講義の受講者は十一名であったが、内容が難しかったのとヘーゲルの話し方が下手だったので、しだいに受講者も減って、途中で閉講になってしまう。

そのころヘーゲルは、『エアランゲン文芸新聞』の編集者メーメルに手紙を送って、一八〇一年から一八〇二年までのあいだに四点の書評を掲載してもらっている。一八〇一年には「ブーターヴェクの『思弁哲学の初歩』」の一点、一八〇二年には「ヴェルネブルクの二冊子」「ゲルシュテッカーの法概念の演繹」「クルークの『哲学の新オルガノンの構想』」の三点である。いずれも同時代の哲学者の学説を紹介し、それに批判的なコメントを付け加えたものである。

ヘーゲルによる匿名の書評が掲載されたあと、同紙には、ヘーゲルの『差異論文』(一八〇一年)の書評が掲載され、この書評を読んだヘーゲルは自家用本に書評を書き込んでいる。当時は、書評は匿名で書いて発表されるのが普通だったが、ヘーゲルの同僚でイエナ大学講師のシャートが書いたものと推定されている。ちなみに、ヘーゲルによる書き込みのある自家用本は、一八九〇年からベルリンに留学していた陸軍獣医の今泉六郎がそれと知らずにベルリンの古書店で購入して日本に持ち帰り、二〇一四年にこのヘーゲル本は東京・神田の古書店で発見されてドイツのヘーゲル文庫に寄贈された。

また、メーメル編集の『エアランゲン文芸新聞』に、シェリングとヘーゲルがいっしょに編集した『哲学批判雑誌』の広告も掲載されている。ヘーゲルは、一八〇二年から一八〇三年まで発行された『哲学批判雑誌』に、「哲学的批判一般の本質」をシェリングと共同で執筆し、「常識は哲学をどのように受け取るのか」では、クルークの総合的な基礎哲学を批判する。「懐疑主義と哲学との関係」では、古代と近代の懐疑主義を比較してゴットロープ・エルンスト・シュルツェのカント論を批判し、「信仰と知識」では、カントの要請論を理解せず信仰と知識を対置するヤコービの直接知を批判する。「自然法の学的な取り扱い」では、人倫的法則と経験的法則との分裂を超えるものとして、人倫的自然がいかにして真正の法に到達するのかを検証している。

そのころシェリングは、同じイエナ大学の教授で文学者のアウグスト・ヴィルヘルム・シュレーゲルの妻カロリーネ・シュレーゲルと親密な交際をしていた。ドイツロマン主義文学の時代に大きな影響を与えたこの女性は、当時の知的な女性のシンボルであったが、ロマン主義の作家や哲学者たちとの熱愛が公になり、シュレーゲルとカロリーネとの離婚も成立すると、シェリングはカロリーネを連れてイエナを去り、ヴルツブルク大学の教授となって彼女と結婚する。これによりヘーゲルはシェリングの哲学から離れて独自の哲学体系を構築していく。

一八〇一年から一八〇六年まで、ヘーゲルはイエナ大学で論理学・形而上学、自然哲学、精神哲学、自然法などの講義を行い、講義のための原稿をたくさん書き残している。大学での授業にもようやく慣れてきて、受講生は三十名ほどになり、一八〇五年には講師から員外教授に昇進している。それまでは当時の習いとして、大学では、無料で講義をするか、学生たちから授業料を直接受け取っていた。

イエナ大学在任中にヘーゲルは哲学史の授業も行っていたが、他方で、鉱物学会、自然学会、物理学会の会員にもなり、数学や幾何学の授業も行っている。一八〇七年に出版された『精神現象学』の著者ヘーゲルの肩書は、「イエナ大学教授、哲学博士、王立鉱物学会準会員、その他の学会員」となっている。もともと、『精神現象学』は、『学問の体系』の第一部をなすはずであり、「論理学・自然哲学・精神哲学」が第二部をなすことになっていた。すでに書店とのあいだで、発行部数を一〇〇〇部から七五〇部にすることで原稿料についてやりとりをしている。

一八〇一年十月、ヘーゲルはイエナ大学に就職するとすぐにシェリングに伴われて、ワイマール公国の宰相をしていたゲーテにあいさつに行っている。その後も、鉱物学会などで交流を深め、たびたびゲーテを訪れて光学実験の手伝いをするようになる。一八〇六年六月、ゲーテはヘーゲルに手紙を送り、給与が支給されることになったと知らせているが、翌月の七月になってはじめてヘーゲルは、イエナ大学では最初で最後となる給与の一〇〇ターレルを受け取っている。その後もゲーテとは植物学や色彩論について文通をする。

一八〇六年十月、ナポレオン率いるフランス軍がドイツに侵攻してきたため、一八〇六年夏学期をもってイエナ大学は閉鎖される。ちょうどそのとき、ヘーゲルは主著となる『精神現象学』を書き終えていた。最後の原稿をポケットに入れて避難していたとき、ヘーゲルは「世界精神であるナポレオン皇帝が馬に乗ってイエナの町を出ていくところを見た」と書き残している。略奪を受けて困窮しているヘーゲルに、ゲーテはさらに十ターレル与えるよう指示を送っているが、ヘーゲルのほうはゲーテに、植物学教授のポストが空いているのを知って、哲学のほかに植物学の授業も担当できると伝えて教授職の斡旋を依頼していた。

6 バンベルクの新聞編集者

イエナ大学に勤めていたとき、ヘーゲルはイエナの下宿でクリスティーナ・シャルロッテ・ヨハンナ・ブルクハルトという家政婦を雇っていた。ところが、一八〇七年二月、ヘーゲルとブルクハルトとのあいだに子どもができてしまう。庶子ルートヴィヒの誕生である。当時二十九歳のブルクハルトは、他の男とのあいだにもすでに二人の子どもがおり、夫に捨てられた状態であった。そこで、イエナで出版社を経営するフロムマンがルートヴィヒを引き取り、育てることになる。

ヘーゲルに庶子が生まれたことは、友人たちにも知られ、イエナに居づらくなったヘーゲルは、翌月の一八〇七年三月にはバンベルクに移り、『バンベルク新聞』の編集者になる。その後、バンベルクで『精神現象学』の「まえがき」を書き上げて、出版社に送り、四月には印刷が完成して、手紙を添えてゲーテに本を送っている。

ヘーゲルとしては、一八〇七年夏学期にはイエナ大学に復帰して、自著の『精神現象学』を使って授業をするつもりだった。ところが、一八〇六年十月にナポレオン率いるフランス軍がイエナの戦いでプロイセン軍を打ち破ったため、大学は閉鎖されたままで、授業を行うことは事実上できなくなってしまった。

7　ニュルンベルクのギムナジウム校長

ヘーゲルは、ゆくゆくはイエナ大学に戻るつもりだったが、テュービンゲン神学校の先輩であり、教育顧問をしていたニートハンマーの勧めもあって、一八〇八年、三十八歳のとき、ニュルンベルクのギムナジウム校長の職を受け入れる。

そこでヘーゲルは、論理学、心理学、数学、法律、宗教などの授業をしながら、他方で、学校にトイレが少ないこと、教員の給与が少ないこと、事務員が少ないことなどを報告して改善を求め、校長としての職務を果たしている。生徒を教会に引率することが教師の負担になっているとし、礼拝を強制することにもつよく反対していた。

一八一一年、ヘーゲルは、庶子ルートヴィヒの母ブルクハルトには内緒で、ニュルンベルク市参事会員でのちに市長となるトゥヒャーの娘マリーと結婚する。当時十九歳のマリーをもらった四十一歳のヘーゲルは、ギムナジウムの校長職を紹介してくれたニートハンマーに、「私はこの世の目標を達成しました。就職をして愛する妻をもって、人間がなすべきこの世のすべてを満たしました」と書き送っている。

一八一二年、家庭を築いて落ち着いたヘーゲルは、大著『論理学』の執筆に専念する。伝統的な名称では形而上学と呼んでもよいし、または、存在論とでも呼ぶことができるヘーゲルの論理学は、一八一二年には、第一巻第一分冊「存在論」が出版され、翌一八一三年には第一巻第二分冊「本質論」が出版され、そして一八一六年には第二巻「概念論」が出版されて完成する。

そのころ、ギムナジウムの校長をしていたヘーゲルは、一方で、論理学、自然哲学、精神哲学などの授業によって「哲学的エンチクロペディー」を講じて、他方で、教師の授業運営や授業評価などのいわゆるＦＤ活動（ファカルティ・ディベロップメント）を導入していく。また、妻マリーとのあいだに、一八一三年には、長男のカール・ヘーゲルが誕生し、翌年の一八一四年には、次男のイマヌエル・ヘーゲルが誕生している。

8 ハイデルベルク大学教授

一八一六年、ついにヘーゲルのところに大学教授への招聘の話が届く。しかも、ドイツでもっとも伝統のあるハイデルベルク大学からだった。当時すでにヘーゲルは、新設されたばかりのベルリン大学の哲学教授の候補にも挙がっていたので、住宅を無料で提供して、給料を上げてくれれば、ベルリン大学を断って、ハイデルベルク大学に移りたいと答えている。そしてそのとおりに希望が叶えられると、ヘーゲルはハイデルベルク大学に赴任していく。

翌年には、ヘーゲルは、イエナにいた庶子ルードヴィヒを出版社で養父のフロムマンから引き取っている。ルートヴィヒは、ギムナジウムでラテン語を学んで優秀な成績を収めていたが、しかし、その後の進路をめぐってヘーゲルと対立して、ついには家を追い出されてしまう。そして、父に逆らった息子は、書店で見習い修行をするはめになり、はてはオランダ軍に入隊して、歩兵伍長としてジャカルタに送られることになる。

他方で、ニュルンベルクを管轄するバイエルン王国は、何も知らされていなかったため、ギムナジウムの校長をしていたヘーゲルを、同国のエアランゲン大学の哲学部長で古典文献学の教授に任命してしまう。ハイデルベルク大学への転身を目論んでいたヘーゲルは、慌ててエアランゲン大学に丁重な断りの手紙を送り、何とかギムナジウム校長職を辞めさせてもらう。そして、一八一六年冬学期には、ハイデルベルク大学へ赴任して、実際に講義を始めることになる。

ところが、ハイデルベルク大学に着いてみると、正教授として招聘されたものの、ヘーゲルの給与は一三〇〇グルデンと思いのほか少なかった。そこで、年間十マルテルのライ麦と二十マルテルの小麦の現物支給を大学に要請している。

授業のほうも、「ハイデルベルク大学で最初の哲学教授」ともてはやされて赴任したものの、哲学史の講義を始めたところ、思ったほど学生たちは集まらなかった。翌年の一八一七年には、ヘーゲルは、『哲学的諸学のエンチクロペディー綱要』という教科書を出版し、この本を使って、論理学、形而上学、人間学、心理学、法律学、国家学、哲学史などの講義を精力的に行う。このころは一週間に十六時間も講義を行っていて、しだいに授業にも慣れてきて受講生も増えていく。

ところが、一八一八年初頭、プロイセンの文部大臣アルテンシュタインからヘーゲルのところに、ベルリン大学の正教授として招きたいとの手紙が届く。このポストは、ベルリン大学の初代哲学教授であったフィヒテの後任であり、しかも年俸二〇〇〇ターレルであり、旅費や赴任手当までついた破格の待遇であった。すぐにヘーゲルは待遇のよさに感謝して、ベルリン大学からの招聘を受けたいとの返事を出す。

一八一八年夏学期、ヘーゲルはハイデルベルクで哲学体系の概論や美学などの講義を終え、四十八歳となったこの年、ドイツ最古のハイデルベルク大学から、最新の総合大学であるベルリン大学へと向かっていく。

9　ベルリン大学教授

一八一八年冬学期、ベルリンに移ったヘーゲルは、自然法と国家学の講義、すなわち法哲学の講義と、エンチクロペディーの講義を行う。そしてこのときから、講義や演習の復習を行ったり、学生の質問を受けて答えたりする助手を付けることになる。復習講師と呼ばれるこの助手たちが、ヘーゲルの弟子となって、のちにヘーゲル学派を形づくっていく。

同じころ、一八一五年にイエナでブルシェンシャフト（学生組合）が結成され、愛国主義的な学生運動が起こる。一八一七年には、全ドイツ・ブルシェンシャフトが結成されるにいたる。同年十月、宗教改革三〇〇年とライプツィヒの戦勝記念を祝して、ドイツにある十一の大学から五〇〇人もの学生が集まり、ルターゆかりの古城ヴァルトブルク城で祝祭が開催された。ヘーゲルも、このヴァルトブルク祭に参加して演説している。

一八一九年には、ブルシェンシャフトのメンバーであったザントが、ロシア公使館の顧問で作家のコツェブーを刺殺する事件が起きる。翌年にはザントが処刑され、ザントに同情的だったベルリン大学の神学教授デ・ヴェッテが解任される。デ・ヴェッテを経済的に支援するために同僚たちがひそかに募金を募ると、ヘーゲルも二十五ターレルを寄付している。このときヘーゲルは、デ・ヴェッテの解任を認めるシュライアーマハーと激しく対立し、それ以来、両者はことあるごとに敵対することになる。

学生思いのヘーゲルは、イエナのブルシェンシャフトのメンバーだったアスヴェルスが逮捕されると、彼を保釈するために奔走して、五〇〇ターレルもの保釈金を支払ってアスヴェルスを救い出し、バスティーユ襲撃を記念して学生たちと祝杯をあげている。

ヘーゲルは、一八二一年、自然法と国家学の講義、すなわち法哲学の講義のために、教科書『法の哲学』を刊行する。このときから、法哲学の講義は教科書『法の哲学』を使ってするようになり、論理学、自然哲学、精神哲学の講義は、教科書『エンチクロペディー』を使ってするようになる。そのほかに、ヘーゲルは、芸術哲学、宗教哲学、歴史哲学の講義も行っている。

そのころ、ハイデルベルク大学のダウプは、ヘーゲルの『精神現象学』を使って授業を行い、ベルリン大学のヘニング、ガンス、ホトーらは、ヘーゲルの『法の哲学』と『エンチクロペディー』を使って授業を行っている。このようにベルリンを中心にして、ドイツ全土にヘーゲル哲学が広まっていく。実際、ハイデルベルク大学でダウプの講義を聞いていたフォイエルバッハは、一八二四年には、ベルリン大学に移ってヘーゲルの講義を聞いている。のちに『ヘーゲル伝』を書くことになるローゼンクランツも、このころヘーゲルの講義を聞いている。

一八二六年、ヘーゲルは、ベルリンの自宅で「学的批判協会」を設立して、弟子や学生といっしょに五十六歳の誕生日を祝っている。翌年の一八二七年には、最初の文芸新聞『学的批判年報』を発刊して、これに、ガンスやホトーにマールハイネッケやミシュレなども参加して、ヘーゲル学派を形成していく。

ヘーゲル自身は、フランス、オランダ、ベルギー、チェコおよびドイツ国内に遊び、ルーブル美術館や博物館を訪れ、テアトル・フランセで演劇やオペラを楽しみ、これらの経験を芸術哲学や歴史哲学の講義に生かしていく。一八二九年、旅行の帰りにカールスバートの温泉に立ち寄ると、湯治に来ていたシェリングと会い、いっしょに散歩をしたり食事をしたりして楽しく過ごしている。

六十歳の還暦を迎えた一八二九年から一八三〇年にかけての一年間、ヘーゲルは、ベルリン大学の学長を務めている。この年から、長男のカールは父であるヘーゲルの講義を聞いている。長男カールと次男イマヌエルにヘーゲルの弟子たちも加わって、ベルリンでヘーゲルの六十一歳の誕生日を祝っていたところ、奇しくもその翌日には、オランダ軍に入隊して東インドへ渡っていた庶子ルートヴィヒが、熱病のためにジャカルタで亡くなっている。

一八三一年の夏、ベルリン市内で流行りはじめたコレラを避けるため、ヘーゲルは、家族といっしょに郊外に移り住む。夏休みを利用して、『論理学』の第二版と『精神現象学』の改訂に取りかかるものの、一八三一年の冬学期が始まると、十月にはベルリン市内の自宅にもどり、ヘーゲルはいつものように、教科書『法の哲学』を使って法哲学を講義したり、哲学史を講義したりしている。すでにその当時、ヘーゲルの授業は人気を博しており、多くの学生たちが受講していたが、同じ時間に行われていたショーペンハウアーの講義には、ほんのわずかな学生しかいなかったという。

すでにヘーゲルは多くの受講者をもっていたが、ヘーゲルの弟子にあたるガンスのほうが、政治的に過激な思想をもっていたため、若い学生にはもっと人気があった。たまたまヘーゲルとガンスが同じ時間に授業を行うことになったため、ガンスは学生たちにヘーゲルの授業に出席するように勧めたところ、このことがヘーゲルのプライドをひどく傷つけることになってしまった。

10 ヘーゲル学派の誕生

一八三一年十一月十日、ヘーゲルは冬学期の講義を開始するが、しかし、その三日後の十一月十三日、胃痛と吐き気に悩まされて、すべての予定をキャンセルして医師の治療を受ける。しかし、症状は回復することなく、衰弱がひどくなり、起き上がることもできなくなる。翌日の十一月十四日、ヘーゲルは、意識ははっきりしていたものの、熱とぜんそくも加わり、手足が冷たくなり、午後五時十五分、ベルリン市内のアム・クプファーグラーベンの自宅で、静かに息を引き取る。享年六十一歳であった。

駆けつけた医師の診断では、急性の感染症であるコレラであった。コレラで亡くなった場合、感染を防ぐために、二十四時間以内に専用の墓地に埋葬することになっていたが、友人や弟子たちが奔走して、例外的にこの決まりを免れることができた。

翌々日には、ベルリン大学で大学葬が執り行われ、ヘーゲル学派に属する学長のマールハイネッケが弔辞を読み、ヘーゲルは学生たちに見送られて墓地へ運ばれていった。ヘーゲルの遺体は、ヘーゲル学派に属する宮廷顧問官のフェルスターが追悼のことばを述べるなか、生前からの本人の希望により、ベルリンのドローデン墓地にあるフィヒテの墓のとなりに埋葬された。

そして、ヘーゲルの死後、妻のマリーは、ヘーゲルの友人や弟子たちに、長男カールを神学者にして、次男イマヌエルを法律学者にするよう託し、ヘーゲルの蔵書や原稿をベルリンの図書館や古書店に売却し、『ヘーゲル全集』をベルリンの出版社から発行するよう指示を出す。

ヘーゲルの友人や弟子たちは、自分たちがヘーゲルの講義に出席していたときに記録していた筆記録を持ち寄って、講義録を含めた『ヘーゲル全集』を発行する計画を進めていく。まず、翌年にはマールハイネッケが「宗教哲学講義」を刊行し、つづいて、ミシュレが「哲学史講義」を、ホトーが「美学講義」を、ガンスが「歴史哲学講義」を、ヘニングが「論理学」「自然哲学」「精神哲学」「エンチクロペディー」を、フェルスターとエルンスト・シュルツェが「雑録」などを編集して刊行することになった。

未亡人となったマリーは、亡き夫ヘーゲルの後継者に、イエナ大学時代の学生で、ヘーゲルの最初の弟子にあたり、ベルリンの『学的批判年報』にも論文を発表していたガプラーを指名する。マリーの指示どおり、一八三五年、ガプラーがベルリン大学の教授に就任してヘーゲルの跡を継ぐと、ガプラーを中心にしてヘーゲル学派が拡大していく。

こうして一八四五年には、全十八巻からなる最初の『ヘーゲル全集』が完成し、その後、長男のカールによって「書簡集」が追加されて全二十巻となって完結する。その間、全集への「補巻」として、ローゼンクランツの『ヘーゲル伝』も出版されている。今日伝わっているヘーゲルの伝記は、ほとんどすべてこの『ヘーゲル伝』によっている。

推薦図書

・カール・ローゼンクランツ『ヘーゲル伝』中埜肇訳（みすず書房、一九八三年）。

ヘーゲルをじかに知る孫弟子による伝記であり、失われた原典テキストを含む第一級の資料である。もともとは、ベルリン版『ヘーゲル全集』の補巻として出版されたものであるが、豊富な一次資料によって多くの研究者から信頼され、現在でも依然としてヘーゲルに関する重要な情報源である。生前のヘーゲルに親しく接していた著者が、客観的な叙述と資料によって、ヘーゲルの生涯を伝えている。

・クーノ・フィッシャー『ヘーゲルの生涯』玉井茂ほか訳（勁草書房、一九八七年）。

ヘーゲルの生涯・著作・学説というシリーズのなかの一冊である。ヘルダーリン、シェリング、ゲーテらとの多彩な交流から、全著作の位置づけ、時代背景など、ヘーゲル哲学の生成と展開を歴史的事実と哲学的理解との緊密な統一により叙述する。

・ホルスト・アルトハウス『ヘーゲル伝――哲学の英雄時代』山本尤訳（法政大学出版局、一九九九年）。

ヘーゲルの日常生活と家族関係、三度の外国旅行などの知られざるエピソードを織り交ぜながら、人間臭くかつ小市民的ですらある教師像、矛盾と謎に満ちた哲学者の相貌とともに「哲学の英雄時代」の群像を生き生きと描き出す。

・ジャック・ドント『ヘーゲル伝』飯塚勝久訳（未来社、二〇〇一年）。

フランスのヘーゲル学者による伝記であり、これまで隠蔽され無視されてきた資料の解読を中心に、ヘーゲルの日ごろの行いや隠れた思想を大胆に再構成する。封建時代のなかで危険思想とにらまれながらも、自らの哲学を講義し、弟子を育てていくヘーゲルの巧みな計略を見定め、哲学者ヘーゲルの全体像を復元する。

・ハンス・フリードリヒ・フルダ『ヘーゲル――生涯と著作』海老澤善一訳（梓出版社、二〇一三年）。

ヘーゲルの思想内容を、思想を形成する苦闘の前半生と、毀誉褒貶に晒される後半生とから細緻に描きだす。ヘーゲル死後の、ヘーゲル哲学の影響の歴史を世界史的な規模で叙述してヘーゲル像を明らかにする。

・奥谷浩一「ヘーゲル詳細年譜」『ヘーゲル事典』加藤尚武ほか編（弘文堂、一九九二年）。

日本語とドイツ語の年譜を丁寧に拾い集めた詳細な一覧である。ヘーゲルの手紙や当時の思想状況から、ヘーゲルの一生の出来事を時系列的に網羅している。

第1章　初期論集（一七八五年～一八〇〇年）

ヘーゲルは幼いころから古代ギリシアに興味をもっていた。家庭での教育を通じて、ドイツ語学校、ラテン語学校、そしてギムナジウムでの教育を通じて、古代ギリシアへの関心は育まれ、ヘーゲルの思想の核心を形成していく。『ヘーゲル事典』にあるギリシアの項目で武田趙二郎が指摘しているように、古代ギリシアへの興味と関心は、文学や哲学や倫理学の領域にだけではなく、政治や宗教や文化など、あらゆる領域に渡っていた。

関心の広がりは、のちの思想発展のなかにも現れてくる。ヘーゲルにとって古代ギリシアとは、まずは憧れの対象であり、つぎにその憧れが近代ヨーロッパでは国民を通してキリスト教となって実現されていく。そして政治と宗教への関心は互いに作用しあい、思想となって結実するのが『国民宗教とキリスト教』という作品である。

1　『国民宗教とキリスト教』（一七九三年～一七九四年）

ヘーゲルは、古代のギリシアを模範として近代のキリスト教を批判し、そこからひるがえって、キリスト教への批判を通してギリシア的な国民宗教の再興を構想していく。国民宗教の再興とは、『国民宗教とキリスト教』のなかでは、民族に根ざした宗教の再興である。ここで、国民とは民族のことであり、ヘーゲルにあっては、国民と民族の両者は区別されていない。あえて両者を区別すれば、政治的な集団として見れば国民であり、文化的な集団として見れば民族である。

国民であれ民族であれ、各々の精神は固有の歴史をもっていて、生活をともにする民族のうちで、言語・風俗・習慣・法律・宗教などによって表現される。すなわち精神とは、国民が集団のなかにあって、それとなく醸し出している空気の全体、雰囲気のことである。

ヘーゲルの関心は、当初は古代ギリシアに向いていたが、しかしそこから、国民宗教によってドイツ民族を一つの国民としてまとめ上げていく方向へ行く。では、ドイツの国民を統一する国民宗教とはどのような宗教なのだろうか。

民族宗教ともいうべき国民宗教は、『ヘーゲル事典』で片柳榮一が説明しているように、私的な宗教ではなく公的な宗教である。民族の精神を高揚するのは、客観的なものではなく、したがってまた規則に従う実定的な宗教でもない。むしろそれは、国民の宗教となるべきものであるから、民族の精神に根ざした主体的な宗教であり、主観的な宗教でもある。こうした理由から、ドイツ国民を一つの国家へとまとめあげる宗教として、キリスト教が批判され、とりわけその客観性が批判されていく。

2 『イエスの生涯』(一七九五年)

キリスト教のイエスは、三位一体の教義に従えば、神の子が受肉して人となった救い主として、信仰の対象となっている。だが、ヘーゲルの思想のなかでは、イエスは、超越的な権威としての役割を失う。むしろ、宗教的な権威者としてではなく、カントのいう意味で、自立的な道徳を説く主体的な教師として登場する。

ヘーゲルは、人間の理性を否定したところで権威にもとづいて制度化されたキリスト教を、人間のうちに自然にあるものではなく、人間を超えたところに作られたものという意味で、実定性と呼んで批判する。

超越した権威ではなく、苦悩する一人の人間の姿として、ヘーゲルはイエスを描き出していく。こうした人間主義的な視点から、キリスト教のもつ不自然さが批判され、そこから、人間にかかわる重要な概念として、ヘーゲルの思想のなかに、道徳、愛、美、生などのキーワードが形成されていく。『ヘーゲル事典』のイエスの項目で座小田豊が説明しているように、ヘーゲルは、知性的で客観的な宗教に対して、主体的で主観的な宗教を対置し、カント哲学を用いてイエスを主体的で主観的に解釈していく。そして、人間と神のあいだにあって固定化され既成化された分離を克服して和解し、生き生きとしたトータルな主体性を回復することに、道徳の教師であるイエスの役割を見いだす。

しかし、模範とする古代のギリシアやローマの宗教も、限られた自由な市民のための宗教でしかなかった。というのも、国家のなかにはすでに、階級が発生しており、富の不平等が生じていたからである。国民の関心も個人のうちに向かい、全体とのかかわりを失っていた。そのとき、近代のヨーロッパ社会では、キリスト教の意義があらためて問い直され、国民を結びつける新しい支柱が求められる。これが、つぎに登場してくる『キリスト教の実定性』である。

3 『キリスト教の実定性』（一七九五年〜一七九六年）

ヘーゲルは、人間の理性にもとづく国民宗教ではなく、権威にもとづいて制度化されたキリスト教を、自然のうちではなく人間を超えたところにある「実定宗教」と呼んで批判する。人間主義的な観点から、キリスト教のもつ不自然さを批判するヘーゲルは、客観的な宗教ではなく主体的で主観的な宗教を、カント的な道徳概念を用いて補強していく。人間と神のあいだを架橋し、両者の分離を克服して和解して、人間の主体性を回復するために、カントの道徳哲学を生かしていく。

『ヘーゲル事典』の「実定性」の項目で八田隆司が説明しているように、若いころのヘーゲルの思想形成は、まさにキリスト教のもつ実定性との戦いであり、実定性を克服するプロセスとぴったりと重なり合っている。まずは、主体的なあり方と実定的なあり方を対立させ、形式化したキリスト教を批判的に取り上げる。このとき、実定性についての理解は、自らの気持ちや行為を自分の内にある主体に基礎づけるのではなく、自分の外にある客体をよりどころとする態度である。したがって、実定性とは、カント的な意味での自律ではなく、むしろその反対の態度である他律であり、権威という他者に依存するあり方である。

さらにヘーゲルは、他律というあり方を、キリスト教と対比して、ユダヤ教に重ね合わせていく。ユダヤ教に見られるような自己の外にある権威への服従こそが、人間の主体を貶めて隷属させるにいたった原因だからである。そしてこのために、ユダヤ民族の実定的な状態を解放し、民衆に自由をもたらすために登場したのがイエスなのであった。そのさい、ヘーゲルはイエスの教えのなかにカントの道徳律を読み込み、理性の自由を強調していく。だが、理性の自由をもってしても、最終的には、実定性は克服できなかった。というのも、イエスは主体の自由を説いたにもかかわらず、今度は、イエスの教えそのものが権威化されるにいたったからである。これがキリスト教のもつ実定性である。

では、キリスト教とはどのような宗教だったのだろうか。そして、その精神とは何だったのだろうか。

4 『キリスト教の精神とその運命』（一七九七年〜一七九九年）

『キリスト教の精神とその運命』は、『ユダヤ教の精神』と『キリスト教の精神』からなる断片的な草稿群である。これまでにも数多くの翻訳がなされてきた、初期の代表作の一つであり、ヘーゲルの若いころの作品のなかで、もっとも美しい作品といわれている。

内容的には、支配と隷属を生み出すユダヤ教の律法を排し、カント的な道徳の厳しさを乗り越えて、イエスの愛を通じて世界との調和を説くものである。のちにディルタイによって「愛による運命との和解」と名づけられたヘーゲルの青春の哲学である。

哲学的な文学作品として見ると、若いころの思いを愛と疎外のドラマとして描き出した、ヘーゲル哲学に特有の論理である「弁証法」の原初的なかたちを準備するものである。たとえば、客観性にこだわるユダヤ教の律法、主体性にこだわるカントの道徳的な命令、そして、イエスの愛による運命との和解など、主体と客体との統合の論理として新しい論理が打ち出されている。

イエスの愛の物語はキリスト教の精神を説くものの、キリスト教は教会を通じて世界から離反していく。キリスト教の精神は運命となって現れ、そして乗り越えられていかなければならない。こうして、ユダヤ教の精神はキリスト教の精神となって、キリスト教の精神はその運命となって、ヘーゲルの哲学体系を準備していく。

ユダヤの律法に対してはキリスト教の愛が、キリスト教の精神に対してはその運命が、和解をめざして進んでいく。しかし、イエスの優れた思想であっても、最終的な実現にはいたらない。そこでヘーゲルは、思想と現実の挟間で苦闘するイエスに自らの姿を引き付け、愛と挫折のドラマを描き出す。そしてその姿は、ヘーゲルの生きた近代ヨーロッパ世界にも重ね合わされ、キリスト教の歴史を超えた世界史的な広がりをもって、時代との緊張を押し進めていく。

『キリスト教の精神とその運命』は、世界の全体を包み込むような体系的な思想ではまだないが、しかしここから、フランス革命を経て国民国家の形成へと向かうドイツの歩みをしっかりとたどっていく。ヘーゲルは、近代国家の成立を疎外するものがキリスト教の実定性すなわち権威主義にあると見て、キリスト教の精神に鋭い批判の目を向け、その運命を見届けている。この作品は、完成された論文ではなく、未完成の断片的な草稿にすぎないが、そのなかには若いヘーゲルの時代批判をはっきり見て取ることができる。

思考の論理としても興味深く、ヘーゲルは、キリスト教の実定性にとどまるのではなく、実定性のなかに主体的な自由と客体的な自然の結合、内的な自由と外的な現実の結合の必然性を見て取る。主体が客体に服従したり、主体と客体が相互に排除したりする関係ではなく、それらの根底に主体と客体の統一があって、そこから両者が分かれて現れてくる。このように考えるヘーゲルは、実定性を克服するために、イエスのいう愛の概念を基礎に据えながらも、そこからさらに、ヘルダーリンのいう生の概念を基礎に据えて、主体と客体を統一しようとする。これが弁証法の最初期のかたちである。

主体と客体が分離している場合、両者の関係は、愛の概念や生の概念のように、同一の概念がもつ統一と分離の二重構造としてとらえられる。統一が崩れたところでは、分離を司る知性が働いていて、実定性のなかに冷たい理性が内在している。まずはそのことを確認することで実定性を克服していく。道徳の教師であるカントは、冷静な態度で、生の分裂を前提して対立関係を説いていく。

それに対して、愛の教師であるイエスは、優しい態度で、生は主体と客体の統一であると説いていく。全体として一つにまとまっている生と、分裂してばらばらになった現実の生を、同じ一つの生の現れとしてとらえ、愛によって生の合一を説く。神のうちにあって満たされた生、生の充足と愛の豊かさを通して、ヘーゲルはイエスのうちに人間と神を見いだし、生と愛によって合一される共同体を見いだす。愛による運命との和解として教示されていたものがこれである。

5 『ドイツ観念論最初の体系プログラム』（一七九七年）

ドイツ生まれのユダヤ人哲学者ローゼンツヴァイクが、ヘーゲルの自筆原稿を発見したところ、内容も充実して完成度も高かったので、シェリングの作品をヘーゲルが書き写したものと誤解し、『ドイツ観念論最初の体系プログラム』と名づけたものである。しかしこの作品は、実のところはヘーゲルが書いた作品であって、成立時期からいっても、シェリングとはまったく関係なく、むしろ、カントのいう道徳の要請論やヘルダーリンのいう美の観念論に近い。

テキストは、いきなり「倫理学」ということばで始まり、あらゆる理念の完全な体系、あらゆる実践的要請の完全な体系へと展開していく。実践的要請のうち、第一の理念は自由な自己意識であり、ここから倫理学は自然学へと移行していく。自己意識と同時に、第二の理念として世界のすべてが無から登場してくる。これが「無からの創造」である。

さらに、自然学は人造物へと移行して、ここでまず、国家の理念などありもしないことが示される。というのも、国家とは機械的なものだからであり、自由な人間を機械的な歯車装置として取り扱うからである。自由の対象のみが理念と呼ばれるのであり、あらゆる人造物に代わって、カントが唱えた理念、すなわち道徳の世界・神・不死の理念が登場する。

理念はどのようなものであれ、「自由」の理念の特殊な形態にほかならず、「美」の理念がこれらの理念を統一するものとなって現れる。「最後に、あらゆる理念を合一する理念、すなわち美の理念が登場する」。自由ではなく美があらゆる理念を基礎づけると同時にそれらを包括する理念となる。ここで大事なのは、つぎの二つである。一つは、美の理念はあらゆる理念を合一するから、真と善は美においてのみ結合されることであり、もう一つは、理性はあらゆる理念を包括するから、理性の最高の行為は美しい行為となることである。

ここから体系プログラムは、美から詩へ、さらには新しい宗教の創設へと展開していく。キリスト教とは違って、「新しい宗教」とは、一方では、理性と心情が結びついた一神論であり、他方では、想像力と芸術が結びついた多神論である。一神論とは、カントのいう意味で、純粋な理性理念に従った自律的な道徳を意味し、多神論とは、ヘルダーリンのいう意味で、自らの想像力によって神話を吸収する優れた感覚を意味する。

したがって、理念が美しい神話にならなければならず、神話が理性的な哲学にならなければならない。いまや神話が理念の担い手である理性に奉仕するのであるから、それは理性の神話でなければならない。このように『ドイツ観念論の最初の体系プログラム』全体は、理性の神話による新しい宗教の創設という構想を結論とする。

この体系プログラムは、たった一枚の紙片だが、そこには、歴史的・体系的にきわめて広範な射程をもつ思想が凝縮されている。したがってそれは、ドイツ観念論の展開における萌芽をことごとく含んだ、体系のプログラムであるといえる。

6 『カル親書訳』（一七九八年）

一七九八年にヘーゲルは、スイスの法律家で政治家のカルがフランス語で書いた政治パンフレットをドイツ語に翻訳して、フランクフルトの出版社から匿名で出版している。

『ヘーゲル事典』によれば、カルは、スイスのヴォー地方（ヴァード地方）で、ベルン共和国の支配に対する抵抗運動を指導していた人物で、一七九一年に弾圧を逃れてパリに逃亡しジロンド党に属していたという。一七九三年に書簡体のパンフレット『ジャン・ジャック・カルからヴォー地方の財務官ベルナール・ド・ミュラルへの、当該地方の公的権利および現実の出来事に関する手紙』を公刊して、ベルン政府の圧政を歴史的に究明するが、禁書処分を受けている。その後は、アメリカに渡り、一七九八年にはヘルヴェチヤ共和国が成立すると帰国して、高裁判事および参議員になっている。

ヘーゲルの翻訳は、『ヴァード地方とベルン市の以前の国法上の関係に関する親書』（いわゆる『カル親書』）という書名で、一七九八年にフランクフルトの出版社から匿名で発行されている。ヘーゲルが書いた序文にある「忠告から学べ」「耳を塞ぐ人々は手痛い運命に襲われるだろう」という文や訳注から、あらゆる特権に否定的な当時のヘーゲルの政治的姿勢がうかがわれる。

7 『ヴュルテンベルクの最近の内情について』(一七九八年)

一七九七年にヘルダーリンの誘いを受けてベルンからフランクフルトに移ったヘーゲルは、一七九八年には「議員は民衆によって選ばれなければならない」という過激な表題をもった政治論文を書いている。

しかしその後、表題にある「民衆によって」は「市民によって」に取り替えられ、献辞は、「ヴュルテンベルクの民衆へ」から「ヴュルテンベルクの愛国者へ」に書き替えられている。そしてついには、最初にあった過激な表題も消されて、何者かによって、「ヴュルテンベルクの最近の内情について、とくに議会制度の欠陥について」という穏やかな表題に取り替えられている。このような表題の変更によって、当初論文がもっていた急進的な立場は和らげられたが、それにもかかわらず、最終的には、論文の出版は取り止められることになる。

その当時、ヘーゲル自身は普通選挙制を求めており、政治文書の出版も計画していた。だが、故郷のシュトゥットガルトにいた友人が、ヘーゲルに手紙を送って、この文書がいまの状況下ではもはや役に立たないこと、むしろ有害でさえあることを伝え、出版を思いとどまるように助言していた。そこでヘーゲルは、説得されてついには出版を諦めることになる。『ヴュルテンベルクの最近の内情について』は、ヘーゲルの処女作となるはずの時事論文であったが、過激な政治的立場と発表の時機を逸したために、最初の作品は日の目を見ることもなくあえなく流産してしまう。

8 『ドイツ国制論』（一七九九年〜一八〇三年）

「ドイツはもはや国家ではない」と嘆くヘーゲルの『ドイツ国制論』は、分裂したドイツの国家体制への批判であり、宗教の分裂が国家を引き裂いたからこそ、国家が教会から自立することを要求する一書である。

しかしこれはまた、国家が宗教の違いを超えて、中立的な機関として機能しうることを要求する提言でもある。宗教の政治への介入を防ごうとすると、宗教それ自身を国家権力から遠ざけることになり、これによって、普遍的なものとしての国家と、個人の自由な選択に任される宗教という区分が成立する。すなわち、政教分離の原則である。

そこでヘーゲルは、宗教の分離が国家を引き裂くことがないようにと、つぎのように述べる。「国家が一つであるためには、宗教と政治は分離しなければならない」。宗教の違いが国家を引き裂くことがないように、宗教の一致が国民を国家につなぎとめるわけでもない。こうした文脈で、ヘーゲルは「国家は教会を必要としない」と断言する。

国家は、宗教という内面的な結びつきによってはもはや支えられないから、結合のための別の原理が必要となる。そこでヘーゲルは、ドイツ国家を再建するための方法を模索して、そしてついには、その原理を発見する。それが近代国家の原理である。

小国家が分立しているドイツを「もはや国家ではない」と嘆く必要はない。そもそも国家とは、普遍的なものが個別的なものを秩序づけることによって全体を組織するものである。つまり国家は、あらゆる個人を支える実体的な統一でなければならないが、分裂したドイツは完全に解消したというわけではない。国家は崩壊したのではなく、むしろ新しい核を築き上げることへ向かっている。こうしてヘーゲルは近代国家と呼ばれる新しい国家を組み立てていく。

「近代国家」という概念は、フィヒテとヘーゲルの作品のなかにはじめて登場してくるように、一八〇〇年になってようやく確立したものである。このときヘーゲルは、オーストリアを模範として、ドイツ帝国を近代国家として再建していく可能性を探っている。『ドイツ国制論』では具体的に、オーストリアのような身分制にもとづく「代議制度」によって国家の集権化を進めるべきだという。すなわちそこでは、一方では皇帝が国家を代表することによって、他方では諸侯が地方都市において市民社会を形成することによって、二つの身分からなる国家制度が考えられている。これによって世界史のなかで、封建制度から生まれてきた身分制が重要な位置を獲得する。

近代国家は、堅固な中央権力と並んで、身分制にもとづく代議制度という新たなシステムによって組み立てられる。これが「立憲君主制」と呼ばれる近代国家の基本システムである。こうした観点からヘーゲルは、国家を形成する要素を身分制のなかに求めていき、国家体制の再構築という課題を、さらに、習俗と規範にもとづく共同体の構築へと発展させていく。

9 『一八〇〇年の体系断片』(一八〇〇年)

フランクフルト時代のヘーゲルの課題は、有限なものから無限なものへの高揚、個別的なものから普遍的なものへの拡大、個人から集団への移動をスムーズに完遂することであった。この課題は、分裂した国家を再統一して倫理的な共同体を構築する実践哲学へとつながっていく。そのときヘーゲルは、生きた全体をできるかぎり反省の形式を通して表現しようとした。しかし、反省の外にあるものが生の外部に残ってしまって、ついには生きた全体を表現することはできなかった。それゆえ、ヘーゲルは、いわゆる『一八〇〇年の体系断片』のなかでは、生を、反省作用を事とする哲学から引き離して、反省を排除する宗教へと引き渡すことにした。

しかし、一八〇〇年の秋には、ヘーゲルのなかに、生を反省の形式によって学問へと関連づける新たな構想が生まれてくる。そしてヘーゲルは、生の統合を学問の体系において実現しようとする。まさにそのときに、かつては「有限な生の無限な生への上昇」とみなされていた宗教が、学問の体系のなかへと統合されていく。宗教の必然的な前提として、宗教よりも下位に置かれてきた哲学が、はじめて宗教よりも上位に置かれることになる。これによってまた、宗教が哲学体系のなかへと組み込まれていくのが、『一八〇〇年の体系断片』である。

推薦図書

・ヘルマン・ノール編『ヘーゲル初期神学論集』(1・2)久野昭ほか訳(以文社、一九七三年、一九七四年)。精神史家として知られるディルタイの弟子ノールが編集した、ヘーゲルの初期の宗教に関する論文集である。『国民宗教とキリスト教』『イエスの生涯』『キリスト教の実定性』『キリスト教の精神とその運命』『一八〇〇年の体系断片』などを収める。

・ヘーゲル『ヘーゲル初期論文集成』村岡晋一ほか訳(作品社、二〇一七年)。

初期の『キリスト教論』『自然法論』『ドイツ体制批判』から、イエナ時代の処女作『差異論文』まで、宗教・歴史・政治・哲学分野の主要な論文を、すべて新訳で届ける。主著となる『精神現象学』に先立つ、若いころのヘーゲルの作品の集大成である。

・ヘーゲル『キリスト教の精神とその運命』伴博訳（平凡社、一九九七年）。

ユダヤ教の律法を排して、愛による和解を説くイエスの思想を描き出す。しかしキリスト教の教会もしだいに社会から離反していく。ユダヤ教とキリスト教の精神とその運命を説く、ヘーゲルの初期の代表作である。ディルタイによって「愛による運命との和解」と名づけられたヘーゲル青春期の草稿。

・ヘーゲル『政治論文集』（上巻）金子武蔵訳（岩波書店、一九六七年）。

情熱的な政論家でもあったヘーゲルの作品のなかから、『カル親書訳』『ヴュルテンベルクの最近の内情について』『ドイツ国制論』など、現実の政治問題を具体的に論じた初期の実践的な論文を収める。

・寄川条路編訳『初期ヘーゲル哲学の軌跡——断片・講義・書評』（ナカニシヤ出版、二〇〇六年）。

フランクフルト時代からハイデルベルク時代までのヘーゲルの萌芽的作品群を収録する。『ドイツ観念論の最初の体系プログラム』『ユダヤ精神』『道徳性・愛・宗教』『愛と宗教』『愛』『信仰と存在』『一八〇〇年の体系断片』など、初期の断片的な草稿を含む。青年期ヘーゲルの断片集・講義録・書評・批評など、未刊の草稿類を含む貴重な資料。

第2章　批評論集（一八〇一年〜一八〇三年）

ヘーゲルは、すでに『一八〇〇年の体系断片』で、統一と分離からなる生の構造を分析して、「生は結合と分離の結合である」と表現していた。一八〇一年の『フィヒテとシェリングの哲学体系の差異』（いわゆる『差異論文』）では、結合と分離の結合を絶対的なものの構造とみなして、「絶対的なものは、同一と区別の同一である」と表現している。さらにそれは、『自然法論文』（一八〇二／〇三年）では、「無差別と関係との統一」と表されることになる。

それに比べてシェリングは、『私の哲学体系の叙述』（一八〇一年）のなかで、理性の同一を「同一の同一」と表現している。絶対的な同一そのものは、シェリングの『私の哲学体系の叙述』においても、また、ヘーゲルの『差異論文』においても、たしかに、理性という基本概念にもとづいている。この点で両者は共通している。しかし、ヘーゲルの絶対的な同一には、同一に対立する区別が立てられると同時に、否定されてもいるから、区別が同一とともに絶対的なもののなかにある。このような理解は、ヘーゲルが『差異論文』のなかで描いているように、シェリングのものとは別のものである。

絶対的なものを描き出そうとする『差異論文』は、ヘーゲルが自らの哲学体系を明確なかたちで叙述した最初の試みである。そしてヘーゲルが『哲学批判雑誌』の序論（一八〇二年）で、「人間の公的な生活の静かな変化と政治的および宗教的な声高な革命」を「外見の色合いがたんに異なっているにすぎない」と語るとき、政治的な欲求も宗教的な欲求も「哲学の欲求」のなかに回収されていく。そして、そこから哲学の体系が生まれてくる。

ここでいわれている哲学の欲求とは、学問のなかにあって政治と宗教への欲求を組織し、体系的な哲学を構成するものである。したがって、体系としての哲学とは、人間の生から切り離された空疎な理論ではなく、生の最高の欲求として生の分裂を融和へともたらす実践の最高のかたちとなる。ヘーゲルは、宗教と政治をより高い形態へと統合し、そのことによって絶対的なものを学問としてとらえようとする。そこから、生を概念へと媒介し、概念を生へと媒介するところに学問が生まれてくる。宗教でも政治でもなく、学問としての哲学がここに登場したのである。

1 『フィヒテとシェリングの哲学体系の差異』（一八〇一年）

一般に『差異論文』と略して呼ばれているヘーゲルの初期の作品であるが、雑誌に発表された論文ではなく、薄いながらもれっきとした単行本である。ヘーゲルにとっては記念すべき処女作でもある。まずは、書名が『フィヒテとシェリングの哲学体系の差異』となっていることに注目したい。すなわち、ヘーゲルは当初から、「フィヒテの哲学体系」と「シェリングの哲学体系」を比較して、両者の違いを指摘したうえで、「ヘーゲル自身の哲学体系」を提示しようとしていた。

一八〇一年、ヘーゲルは一八四ページからなる最初の著作を発表する。冊子ともいえるような小著であるが、そのなかでヘーゲルは、ラインホルトがカント哲学から出発して学問全体を基礎づけようと根源哲学を提唱したのを手がかりに、当時の哲学の状況を概観し、そのうえでフィヒテの体系を叙述し、フィヒテとシェリングの哲学原理を比較していく。

一言でいえば、フィヒテの哲学体系は主観的な知識学の体系であり、シェリングの哲学体系は客観的な自然哲学の体系であるが、それに対して、ヘーゲルの哲学体系は、主観と客観を統一する精神哲学の体系であるという。そこでヘーゲルは、フィヒテとシェリングの哲学体系の違いを超えて、両者の統一をめざす。ここで、ドイツ観念論という思想運動のなかで、フィヒテ、シェリング、ヘーゲルの違いが明らかにされる。

まず、学問論ともいうべきフィヒテの「知識学」は、自我の行為を手がかりにして、私のアイデンティティを確立しようとした。そこでは、自らを設定する私の活動が、自らの確かさを保証することになるから、自我の活動によってはじめて他者への関係も生じてくる。つまり、私の行為から他者が自分ではないものとして立ち現れ、私によって対象として存在するものへと作り出される。

しかし、私は、他者に対立しながらも他者を乗り越えて自己を主張しようとするから、他者を制限して押さえ込もうとすることで他者を超え出ることになる。そのとき私は、自分以外のものを自らのなかに取り込み、自分のなかで対象にかかわっていく。ここではじめてフィヒテの観念論は自然という外的な対象へと達する。したがって、私と他者の関係そのものが自然を構成していくものとなる。自然とは、自らを形成する自我が表れ出て、自己を形成したものにほかならない。

それに対してシェリングは、私のなかの自己確信を、対象である「自然」のなかへと移し替えていき、客観的な場面で自らの確信を描き出そうとする。それは、観念論から実在論へと移ることによってのみ、観念論を基礎づけることができると考えたからである。シェリングはすでにフィヒテの観念論を批判するなかで、自然哲学を自己意識に達するまでの先行する過程とみなして、自らを再生産する有機的な自然のなかに自己の基盤を求めていた。自然は自らを生み出すことによってのみ自己同一を保ち続けるが、しかし同一であることも、フィヒテと同様に、他者との対立を自分の外に投げ捨てることによっている。そのかぎりで自然のもつ自己同一も、私に対立していることになる。

そこでヘーゲルは、同一の概念そのものを展開させて、その展開過程を哲学体系のなかで描き出していく。私の内部とその外部をめぐる問題は、つまり、フィヒテのいう観念論とシェリングのいう実在論との関係は、両者の基礎をなす同一の概念の発展過程に属することになる。したがってまた、両者は、同一の概念の異なった方向への展開を表すことにもなる。

ここでは、同一と区別は対立することで制限されるのではない。むしろ、同一は区別へと進んでいき、そこからふたたび同一へと帰ってくることで保持されるから、それは、区別との同一として把握される。これによって同一概念は、あらゆるものを自分のうちに含む全体となり、うちに閉ざす包括的な体系を形成する。ここから、ヘーゲルの思想発展を手がかりにして、ドイツ観念論の体系構想を描き出すことができる。

カントは、人間が考えるときの枠組みをカテゴリーと呼び、純粋な自己思考が表す主観と客観の同一を獲得しようとした。これは、ドイツ観念論のことばでいえば、超越論哲学において「思弁」の原理を確立したということである。この同一の原理を、フィヒテは、学問論において「私は私である」という命題で端的に表現したが、しかしこの原理は、体系にまで発展することはなかった。思弁の原理は主観的な原理にとどまっていたので、シェリングは、客観的な哲学に向けて体系へと発展させ、超越論哲学における主観的な同一を、自然哲学における客観的な同一によって補おうとした。そればかりか、シェリングの同一哲学の体系のなかでは、両者はより高い立場で統一され、この統一は区別のないところへと行き着いた。このようにして獲得された統一が「同一の同一」と表現されたのである。体系の原理は同一であったから、これはまた、理性という基本概念にもとづいて、実在的なものと理念的なものを構成し、自然哲学と超越論哲学を構成したのであった。

それに対して、ヘーゲルは、主観と客観を同じものにするのと同時に、両者を切り離して理性の同一を体系へと展開しようとする。同一と区別は、主観と客観の主観的な同一と客観的な同一という、二つの異なった同一を構成して、主観と客観をふたたび結合する。そして、このようにして構成された結合が、「同一と区別の同一」と表現されたのである。

ここからヘーゲルは、主観的な同一にフィヒテのいう超越論哲学を、客観的な同一にシェリングのいう自然哲学を振り分けて、自らの哲学の全体を体系として組み立てていく。ヘーゲルは『差異論文』のなかで、理性にもとづいて、主観と客観の全体を二つの固有な哲学の展開として把握していて、そこでは、哲学の体系はつぎのように構成される。第一に、主観と客観の客観的な同一が「自然哲学」となり、第二に、主観と客観の主観的な同一が「超越論哲学」となり、そして第三に、主観と客観の絶対的な同一が「芸術・宗教・哲学」となる。

絶対的な同一のなかで絶対的なものは自分自身を見いだすが、この自己確認には芸術・宗教・哲学における絶対的なものの現れが対応している。哲学とともに芸術と宗教は、体系の一つの領域を形成する。そのなかでも、芸術は、この自己確認を客観化して芸術作品へと目に見えるようにし、それに対して宗教は、それを主観化して意識の内面へと反省する。つまり、絶対的なものは、二つの極において表される。絶対的なものは、まずは、芸術において客観的なもの、外的なものとして現れて、つぎに、宗教において主観的なもの、内的なものへと移される。そして哲学において、それは両者を否定してより高いところで両者を統合する。

ここでヘーゲルは、シェリングの同一哲学から離れていき、芸術を哲学よりも低く定める。芸術の具体的な機能は、体系のなかでは自然と精神の媒介にとどまっていて、芸術は哲学によってはじめて正当化される。それに比べて真の哲学は、芸術・宗教・哲学という関連のなかで、結合の機能を引き受けることになる。芸術・宗教・哲学の区別は、体系の内部での区別となる。宗教の役割は、形而上学の部分を総括的に締めくくることであり、体系にさらに別の部分を付け加えるのではなく、むしろ展開した全体を統一へと連れ戻すことである。これによって、体系の全体は最初の純粋な理念へと戻ってきて、自分のうちに閉ざすことにもなる。この自己完結した姿が、ドイツ観念論において体系の完成を意味するのである。

2 『自然法の学的な取り扱い』（一八〇二年〜一八〇三年）

ヘーゲルは、『哲学批判雑誌』の論文「自然法の学的な取り扱い」（いわゆる『自然法論文』）で、統一が果たす体系的な機能を、人間を結びつける集団的な機能へと発展させる。とりわけそれは、民族において実現される人間の倫理的な共同体において、その具体的な形態をもつことになる。のちには「精神」と呼ばれることになるこの概念は、すべてのものを民族のなかへと包み込んで、いかなる個人をもそこから逃すことのない包括的な組織を形成する。個人は、絶対的なものの一つの契機としてそのなかに取り込まれ、民族のなかへと統合されて国民となる。ヘーゲルの理解では、このような統一によって、個人が民族であり民族が個人であるような倫理的な共同体、すなわち「人倫」と呼ばれる国民国家が形成される。

ここでヘーゲルは、古代ギリシアの「ポリス」（都市国家）を理想として、そこから導き出された人倫という概念を国家の基礎に据えている。ギリシアにおける民主制の原理は、個別的な「市民」と普遍的な「公民」という、人間のもつ二つの性格が一致するところに成立していた。そこでは、多様な市民と統一ある権力の両者が民族の調和を形成していた。ヘーゲルは、『自然法論文』のなかで、ポリスという古代ギリシア語を「フォルク」（民族）という近代ドイツ語へと翻訳して、公的なものとして普遍的な生活を送ることを「民族において民族とともに民族のために生きること」と定義している。これによって、人間の倫理的な共同体と民族とが無条件に同一化されることになる。

ヘーゲルは、人倫的な全体が普遍的なものと個別的なもの、無限なものと有限なものを統合する最高の形態であることを示したうえで、歴史を貫き通すような道理として、あるいはむしろ運命として自然法を理解する。これによって人倫は、民族の精神と歴史によって決定され、運命という必然に刻印づけられた、民族と個人の調和的な一致とみなされる。だからこそ、哲学は普遍的なものを掲げ、運命という必然への畏敬を説くことができるのであり、哲学が必然的な運命を尊ぶのは、分裂が生じたときに運命が現れてくるとしても、分裂が生によって解消されてふたたび元に戻されることで、この運命が調和へともたらされるからである。こうした統一への確固たる信念が、ヘーゲル哲学の基本的な主張をなしている。

だが、人倫のもつこの必然性も、場所・風土・歴史という一定の関連のなかでとらえられなければならない。人倫は、民族のもつ特定の風土と、普遍的な種族を形成するその時代によって決定されるからである。その姿は運命に従っているのであり、この必然性は個人の生に先立って前提されている。人倫的な全体は普遍的なものと考えられているが、その形態はそのつど個別的な姿をとって現れてくる。それは、生きた個人に対立するのではなく、それらを区別なく自分のなかへと包み込むものである。そこで、特殊なものといっても、それは、まだ組織されていない自然の生きた姿にすぎない。したがって、特殊なものも、人倫的な生の一部分としてその全体においてとらえられなければならない。民族という形態も地理的・歴史的に制限されたものではあるが、しかしそれは、生を吹き込まれて人類一般の普遍的なものへと統合されていく。

ここからヘーゲルは、民族の人倫的なあり方にもとづいて法と習俗の関係を説明する。法が習俗に適応しているとき、それを人為的に設定されたものとみなすことはできない。だが、社会全体と個人が調和しなくなると、法と習俗が分離することになる。そのとき、部分を結びつける絆が解消して、必然的な関連が失われてしまう。そうであれば、個人から離れながらも、なおも個人を支えつづけている基盤が欠けることにもなる。法が習俗に適応しないときには、あらゆるものが法によって定められ、もはや生きた習俗が立法と一致することはありえない。民族のなかに分裂を引き起こすことになる。こうした経緯から、ドイツ国民は「分裂した民族」と呼ばれることになった。そこでは法が習俗によって活気づけられていないから、それは社会の全体を組織するいかなる意味をももたず、しかも個人にかかわることもない。たとえ法が個別的な関心を表すにしても、全体への生き生きとした関係をもつこともないから、民衆にはよそよそしい権力として孤立してしまっている。

だが、人倫の体系においては、個人はすべて普遍のうちへと組み込まれていく。そこでは、物理的な自然と人倫的な自然が一致すると考えられていて、現実にある多様なものが観念において統一され、そして、絶対的なものの概念が純粋な個人と結びつく。これによって、あらゆる個人を包み込むような組織が形成される。このように完全な体系のなかでは、民族の精神ともいうべきものが拡張して収縮することによって、自分自身を認識するにいたる。つまり、精神は、自らの拡張を自分のなかに取り戻して、そこで自分自身を認識するにいたる。ヘーゲルは、精神の拡張と収縮を、それ自身に備わる機能とみなして、精神が発展する過程から解明する。

精神は自然とは区別され、展開して、そして精神として自分を取り戻して自身を認識する。これは、精神が、区別されたものを展開して媒介した結果、あらゆるものを自らに取り戻して、自分自身を絶対的なものとして認めることでもある。精神とは、現実にある多様なものへと分かれていき、しかし、その分散を解消することによってそこから戻ってくるものなのである。これによって精神は、自然を克服して、自己に帰還して統一を形成する。ここで「精神は自然よりも高い段階にある」ことが明かされて、ヘーゲルは、自然を超えたところに精神を据え、これを基本概念として「人倫の体系」を構想していく。

3 『人倫の体系』（一八〇二年〜一八〇三年）

ヘーゲルの体系思想の発展のなかでも、イエナ時代には、人間の倫理的な共同体の構築をめざす自然法についての著作が重要な段階を形成している。ヘーゲルは、すでにイエナ時代のはじめの一八〇一年に、ヘルダーリンやシェリングとは異なった仕方で独自に自然を考察していた。

ヘルダーリンが生の概念を包括的な全体の理念と理解し、シェリングがそれを生きた有機体として把握していたのに対して、ヘーゲルは「民族」という人間の倫理的な共同体において生きた自然の意義を強調し、そこに有限な個人を無限な全体へと組織していく姿を認めていた。ここから、「習俗」に根ざした結束を促して、民族という社会的共同体を構成する倫理的な自然が体系的な思考の基盤を形成していく。ヘーゲルは、一八〇二年から一八〇三年にかけて、まずは『自然法論文』において個人を包摂する人間の倫理的な共同体の姿を考察し、つぎに『人倫の体系』において両者が互いに包み込まれていく過程を解明し、そして『自然法講義』において人倫の体系を具体的に描き出していく。

ヘーゲルは、人倫的な全体を普遍的な民族と特殊的な個人との統一と理解して、つぎのように述べている。「民族という生きた統一のなかでは、自然のもつあらゆる相違が消え失せ、どの個人も他者のうちに自分自身を見いだし、主観と客観の最高の統一へと達する」。民族という社会的共同体のなかに、普遍と特殊を統合する人倫の姿が求められている。しかもヘーゲルによれば、人倫においては個人が全体と一致して、この一致が自覚を伴って現れてくるのだという。これは、個々人のもっている限界が克服されて普遍的なものへと達することを意味しているだけではない。むしろ、一人ひとりが自らを経験的に見ることから、さらにはそれを超えて、自らを普遍的にも見ることになる。

ヘーゲルはこうした自己認識を、物理的な自然においては自らの「肉体」を見ることであり、人倫的な自然においては自らの「精神」を見ることである、と説明している。人間の共同体においては、このような一致は、生きたものにおいてのみ可能であるが、生きたものとは、それ自身において対立しつつ統一しているものである。そもそも生きたものとは､単一なものと多様なものとの統一である。したがって、生をもつかぎりで、普遍的な精神が個人において現実のものとなり、個人に認められる。この統一は、自然においては内面にとどまっていたが、精神が自らを実現する人倫においては意識の対象となって自覚されるにいたる。

したがって、ヘーゲルのいう「人倫」とは、多様な他者からなる現実社会を統一して、自己の意識のうちへと取り戻す運動であるといえる。統一の取り戻しが、自分のうちに閉ざされた全体を形成するのであり、ヘーゲルはこのような全体を、個々人を一つにまとめる共同体、つまり「民族」のうちに見ている。人倫の理念が、特殊なもののなかに同一を認める民族として現れてくるにしても、民族という概念は、あらゆる個人が普遍的な理念へと包み込まれる一つの関係として理解されている。そこでは、普遍的な集団が個人を取り込むことによって両者が一つになり、普遍的な力が個別的なものを巻き込むことによって両者を同一のものとして統一を形成する。

個別的なものを普遍化する民族は、「自然のもつあらゆる相違」を克服する「生きた統一」として特徴づけられる。しかも、そこにおいては、個々人はいずれの他者においても自らを認めて、「主観と客観の最高の統一」へと到達する。したがって、この一致とは、たとえば、近代社会における「市民」というような抽象的なものではなく、むしろ、具体的に国家のなかで示されるものである。そこでは、統一のうちに吸収されない特殊なものはありえず、かつ、個人のもつ特殊性や個性は普遍的なものに対応していなければならない。

ここで、全体は統一あるものとして特徴づけられているが、しかしそれは、個々人の相違から生きた統一へと帰ってきたものである。統一へのこのような帰還が、民族のもつ「有機的な全体」という性格を特徴づけるのであり、ヘーゲルはここに、人倫の体系の基盤を据えている。そしてここからヘーゲルは、民族を構成する要素をその担い手に従って区分したうえで、それぞれの要素を検討していく。それによれば、人倫の共同体は、共同体を支える社会的な担い手によって、ヘーゲルのことばでいえば「身分」によって区分される。

第一の身分である「公務員」は、個人の欲望の充足に満足するのではなく、社会の全体に奉仕するものである。その結果、そこでは個人のもつあらゆる事情が否定されることになり、特殊を抑えて普遍に奉仕することになる。それに対して、第二の身分である「市民」は、個人の欲望と財産の獲得のために普遍的なものを廃棄する、否定的なものである。これは、私的所有に固執するものであるから特殊なものとみなされる。そして、第三の身分である「生産者」は、農民のように直接に生産と結びついていて、第二の身分がなす消費という否定的な活動をふたたび否定する。

このように、否定を打ち消す積極的な活動の成果は、生産物という普遍的なものとなって第一の身分へと媒介される。そこで、第三の身分を介して第一の身分と第二の身分の対立が解消されることになり、三つの身分からなる社会全体の均衡が保たれて、人倫の体系が安定を保つことになるという。かなり図式的な理解だが、ヘーゲルの身分論がここで具体的に展開されている。

推薦図書

・ヘーゲル『ヘーゲル初期哲学論集』村上恭一訳（平凡社、二〇一三年）。

聖職者への道を断念して哲学者となることを決意したヘーゲルは、神学校の年下の友人シェリングと、すでに当時から大きな位置を占めていたフィヒテの哲学体系の違いを論じて、自らの立ち位置を鮮明にする。ヘーゲルはイエナ大学に職を得るため、惑星軌道についてはケプラーを称賛し、ニュートンを批判しながら独自の自然哲学を展開する。『差異論文』と『惑星軌道論』により、若いヘーゲルの思考を綿密な注釈とともに読む。

・ヘーゲル『信仰と知』上妻精訳（岩波書店、一九九三年）。

『哲学批判雑誌』に掲載された論文『信仰と知識』の翻訳である。近代になると、神学と哲学の関係は、信仰と知識の対立となり、理性と知性の対立となって先鋭化していく。両者の対立を克服するため、ヘーゲルはカント、ヤコービ、フィヒテなどの先行する哲学を厳しく批判し、カントの要請論を理解せずに信仰と知識を対置するヤコービの直接知を批判して、自らのよって立つ思弁的理性の立場を明らかにする。

・ヘーゲル『近代自然法批判』松富弘志ほか訳（世界書院、一九九五年）。

シェリングとヘーゲルの共編『哲学批判雑誌』に掲載された、『自然法論文』の翻訳である。絶対的人倫である国家と実在の体系である市民社会を媒介する、自然法の思想を説いた初期の論考である。人倫的な法則と経験的な法則の分裂を超えるものとして、人倫的な自然がいかにして真正の法に到達するのかを検証していく。

・ヘーゲル『人倫の体系』上妻精訳（以文社、一九九六年）。

一八〇二年から一八〇三年にかけて執筆された、イエナ大学での自然法講義のための原稿であり、一般には『人倫の体系』と呼ばれている。のちの『法の哲学』にいたるヘーゲルの社会思想の最初の体系化であり、個人と社会および国家との関係を政治・経済・法律の側面から全体的な関係のなかで追及していく。

・海老澤善一訳編『ヘーゲル批評集1』（梓出版社、一九九二年）。

哲学批評の基礎を築いたヘーゲルが、体系家として、教育家として、そして批評家として、三つの顔を通して書いた批評論文を選び出し時代順に収録している。「ブーターヴェクの『思弁哲学の初歩』」、「クルークの『哲学の新オルガノンの構想』」、「哲学的批判一般の本質」、「常識は哲学をどのように受け取るのか」などの論文を含む。

第3章　体系草稿（一八〇三年～一八〇六年）

ヘーゲルの哲学体系は、イエナ大学での一八〇一／〇二年の講義によれば、(一) 論理学と形而上学、(二) 自然哲学（物理的自然）、(三) 精神哲学（人倫的自然）、(四) 絶対的なものの哲学（芸術と宗教）という四つの部門から構成されていた。しかし、一八〇二／〇三年の講義からは、哲学体系の全体が理論哲学と実践哲学の二つに分けられ、前者には論理学と形而上学が属し、後者には自然法が属することになる。そして、一八〇三年の「哲学の概要」および一八〇三／〇四年の「思弁哲学の体系」では、一方に論理学と形而上学が、他方に自然哲学と精神哲学が配置される。さらに両者は、一八〇五年の「哲学の全体」において、思弁哲学（論理学と形而上学）と実在哲学（自然哲学と精神哲学）へと編成される。このようにして、哲学体系の第一部と第二部は理論哲学に、第三部と第四部は実践哲学に吸収されていく。

イエナ大学でのヘーゲルは、当時の大学での授業の慣例に従って、「哲学の体系」を講義していく。一八〇一年から一八〇六年までの講義草稿を見てみると、哲学の体系を構築するというヘーゲルの明確な意図が設定されてから、体系の大枠が組み立てられるまでの発展の道のりが見えてくる。授業で担当した科目名からも、ヘーゲルが哲学体系を構築しようとしていたことがよくわかる。

講義科目を見てみると、一八〇一／〇二年冬学期には「哲学入門」とあり、一八〇三年夏学期には「哲学の体系」となり、一八〇三／〇四年冬学期には「思弁哲学の体系」とある。これが、一八〇四年夏学期には「哲学の一般的な体系」となり、一八〇四／〇五年冬学期と一八〇五年夏学期には「哲学の全学問」となる。また、講義科目の告示とともに、一八〇六年夏学期と一八〇六／〇七年冬学期には、『学問の体系』という本の予告もされている。一八〇七年夏学期には、書物の表題が『学問の体系』の「第一部」に限定され、そしてこれが一八〇七年に『精神現象学』という表題になって刊行される。ここからわかるように、ヘーゲルの『精神現象学』はイエナ大学での講義のなかから生まれてきたものである。

学問の体系を構築する過程を解きほぐしていくと、一八〇七年に出版された『精神現象学』という作品が、どのような経緯で成立してきたのかも見えてくる。そこでここでは、ヘーゲルの哲学体系の成立史を再現するためにも、イエナ大学でのヘーゲルの講義を四つの段階に分けて考察していく。まず、第一段階は一八〇一／〇二年冬学期の講義「哲学入門」と「論理学・形而上学」であり、つぎに、第二段階は一八〇三／〇四年冬学期の講義「思弁哲学の体系」であり、そして、第三段階は一八〇四／〇五年冬学期の講義「論理学と形而上学」であり、さらに、第四段階は一八〇五／〇六年冬学期の講義「実在哲学」（自然哲学と精神哲学）である。以上のように、ヘーゲルの講義は四つの段階を踏んで進んでいく。

1　一八〇一／〇二年の「哲学入門」と「論理学・形而上学」

ヘーゲルは一八〇一年からイエナ大学で授業を始めるが、最初の学期である一八〇一／〇二年冬学期には、「哲学入門」と「論理学・形而上学」の講義をしている。講義の内容から、当初ヘーゲルの哲学体系は四つの部門に分類されていたことがわかる。すなわち、(一) 論理学と形而上学、(二) 自然哲学、(三) 精神哲学、(四) 絶対的なものの哲学である。自然哲学と精神哲学は、広い意味では、いずれも自然についての哲学である。前者は狭義の自然であり、物理的自然ないしは自然的自然と呼ばれるのに対して、後者は社会的・文化的な自然であり、人倫的自然と呼ばれている。そして絶対的なものの哲学とは芸術と宗教の哲学のことである。

つぎの一八〇二年夏学期から、ヘーゲルは「論理学・形而上学」に加えて「自然法」の講義を始めている。そして一八〇二／〇三年冬学期には、哲学体系の全体を理論哲学と実践哲学の二つに分けている。理論哲学とは論理学と形而上学のことであり、実践哲学とは自然法のことである。つまり、自然法が体系の実践的な部門として理論哲学に並んで配置される。のちにヘーゲルは哲学体系の全体を思弁哲学と実在哲学に区別するが、この区分に従えば、思弁哲学は理論哲学として論理学と形而上学を含むことになり、実在哲学は実践哲学として自然哲学と精神哲学を含むことになる。このようにヘーゲルは、体系を構成するあらゆる部分を再編成して、体系を全体として仕上げることへと向かっていく。

自然法の講義は一八〇二年から一八〇五年まで引き続いて行われ、このなかで人倫にもとづく哲学の体系がより具体的に展開されていく。ヘーゲルは個別を包み込む人倫のさまざまな現象から出発して、ここに哲学体系の基礎を据えている。そして一八〇二／〇三年の「自然法講義」のなかでは人倫の枠組みを定めるところにまでいき、これがのちに「人倫の体系」となって登場する。

この時期には、体系の枠組みを形成するうえで断絶も飛躍も認められない。人倫の体系という大枠のなかで体系を構成するものの組み合わせが変わることはあるが、これは、哲学体系の全体を構成する枠組みの変更ではなく、体系の内部での位置づけの見直しにすぎない。体系の発展とは体系を構成するものの区分の変更ではなく、体系の全体を支えるもの、つまり理念の発展を意味している。このあいだに哲学の体系が四部門から統合されて二部門へ、さらには組み合わせが変更されて三部門へ変わろうとも、体系全体の枠組みについては基本的な変更はない。包括的な哲学体系を構築するという理念にいたっては、いささかの揺るぎもない。ヘーゲルは絶対的なものを基礎に据えて、そのなかにあらゆる存在を包み込むような全体を体系へと作り上げていくから、この全体を「絶対者の形而上学」と呼ぶことができる。

ヘーゲルはすでに一八〇三年には「人倫の体系」を構想していたから、体系も一応の枠組みをもってはいた。しかし人倫の体系はまだ、普遍と個別を統一して両者の区別を結合するという大きな枠組みのなかにとどまっていた。それに対してここではじめて、ヘーゲルは体系の全体を根底から支えようとして、実体にもとづく体系を独自の形而上学として構想する。これは、絶対的なものを実体としてとらえ直して、そこから普遍と個別の統一と両者の区別とを結合しようとする試みである。そこでは普遍と個別の統一が人倫的共同体の体系構造をなすから、ヘーゲルは人倫の概念をさらに発展させて絶対的な精神へと導いていく。絶対的なものとは、自己同一的な実体がそれに内在する原理によって展開していくものである。

このように、普遍と個別を統一するところに全体という考え方が生まれてきて、個別と普遍の統一として理解された人倫の概念も、絶対者の形而上学と呼ばれたものも、実体の形而上学からとらえ直されていく。

2　一八〇三／〇四年の「思弁哲学の体系」

ヘーゲルは一八〇三／〇四年の「思弁哲学の体系」のなかで、絶対的なものを実体としてとらえ直していく。実体とは体系の全体を下から支える基盤であるが、しかしそこには、実体を精神と読み替えて、対立を経て統一へ戻っていくものという理解が示されている。精神は自然のなかでは分裂して多様なものとして現れてくるが、自然を精神のなかに取り込むことによって、自然も精神もいずれも体系のなかの一部分となる。すなわち、自然も精神も理念の展開によって体系のなかへと組み込まれていく。

さらにそこから、ヘーゲルは「意識」の概念を新たな起点にして、体系を意識の展開過程として組み直していく。意識こそが精神によって成し遂げられる統一の前提だからである。意識はまずは他者を自分とは異なるものとして自分の外に見いだす。これが意識の経験と呼ばれるものであり、意識のたどるこの経験の歴史を精神の哲学は叙述していく。意識は経験を通じて自らを統一するところにまで進んでいくが、これはとりもなおさず意識が対立を破棄して実体という意識の根底へと帰着することである。このことはまた、意識が自分を支えているものへと帰っていくことでもある。

だが、体系の存立を支えるものはその根底にある実体である。ここから、実体にもとづいて構築される体系、つまり絶対的なものへと組織される全体を「実体の形而上学」と名づけることができる。実体の形而上学とは、無限なものに取り込まれた有限なものの全体である。有限なものが無限なもののなかに解消されるのは、有限なものが無限なものへ移行し、無限なものが有限なものへ移行することによって、両者は区別されることもなく、切り離されることもなくなるからである。ここからヘーゲルはつぎのような体系を構想していく。

有限なものが精神という無限なものの区別のない統一から生まれてくる。これによって有限なものは精神の現れとしてとらえ直される。有限なものの対立と矛盾は、段階的な発展を経て絶対的なものへと包み込まれていく。ヘーゲルの体系構想は、有限なものの対立を超えた有限なものと無限なものとの統一へと進んでいく。それは、反省による分裂を統一に対立させるのではなく、むしろそのなかで根拠づけることによって構築される。ヘーゲルは無限な精神を有限なものへと関係づけることによって、反省がもたらす制限を無限な精神の現象として理解する。

ここで、精神の概念が体系を突き動かすものとなる。体系は全体としては閉じた経路をたどって円環を描き出し、精神は過程を通じて自らを現す。精神はそれぞれの段階において自らを限定して確定するが、ヘーゲルによれば、自己確認のこの過程は三つの段階を経て進展することになる。第一は有限なものと無限なものとの直接的な統一であり、第二は統一を廃棄した両者の区別と対立である。そして第三は区別と対立の否定であり、あらゆる区別が実体のうちに包み込まれる。

ヘーゲルはこのように、体系を支える理念が精神であることを解き明かしていく。だがそれだけではない。さらに、精神が自らを展開する過程と、体系それ自身が発展する過程とを重ね合わせていく。

体系とは、精神が展開の過程のなかで生みだした精神の所産であるから、したがって精神が自己を産出することは体系を形成することでもある。つまり精神が自らを形成する過程と、哲学の体系が組み立てられる過程とが一つになる。

ヘーゲルは、有限なものと無限なものとの統一を精神の現れを通じて叙述し、この叙述を体系の形成過程へと拡張していく。そしてさらに、体系を完結した全体へと、つまり絶対的なものへと仕上げていく。これは、ヘーゲルの体系構想がたえず変化しても、つねに体系形成の中心にとどまる発想である。そのさい、体系の全体を支える理念が展開して体系を完成へともたらすのであれば、体系が形成される過程とそれが完成したときの姿とは一致するはずである。体系を完成へと向けて突き動かす理念が出発点へ戻ってきて、体系が自分のうちへと閉ざすからである。これが体系の完結と呼ばれるものである。

3　一八〇四／〇五年の「論理学と形而上学」

ヘーゲルは、一八〇四／〇五年冬学期の講義科目を「思弁哲学」(論理学と形而上学)と告げている。科目名に「思弁哲学」(論理学と形而上学)とあるように、ここでは、論理学と形而上学が思弁哲学のなかに組み込まれている。

まず、論理学の内容を見ていくと、論理学は三つの部分に分けられている。第一に有限な形式と無限な形式であり、第二に主観的な形式と客観的な形式であり、第三に無限なものが有限なものとの対立を経て自分へ戻ってくる認識の過程である。認識の過程において無限なものが回復されるから、それは有限なものを扱う論理学の対象ではなく、形而上学の対象となる。無限なものは論理学における認識の過程を経て、分裂と帰還によって自らを実現するから、この過程は本来の学問である形而上学へと進んでいく。

つぎに、形而上学の内容を見ていくと、形而上学も三つの部分に分けられている。第一に認識を扱う原則の体系であり、第二に心・世界・神を扱う客観の形而上学であり、第三に理論的自我・実践的自我・絶対的精神を扱う主観の形而上学である。ここで無限なものの展開過程が描かれるが、無限なものは過程のなかへと自らを解き放って対立するものへと分かれていき、そのなかで自分自身を見いだすようになっている。このように分裂の過程を経て元に戻ってくるものが、無限なものに自分自身を見いだす精神である。

しかし、ここで精神が登場してくるにしても、それはまだ理念にすぎず、自分が絶対的なものであるという自覚を伴ってはいない。そのために、形而上学のなかでは、精神が自らを現して、自分を絶対的なものとして認めることが必要となる。論理学と形而上学との違いは、精神が自らを絶対精神として認めているのか、あるいは認めていないのかという点にある。論理学は有限なものが無限なものとして認識される過程であり、形而上学は無限なものが有限なものへと現象する過程である。そして両者は「絶対的な精神の絶対的な円環」という解釈学的循環のなかで統一される。

循環をめぐって統一を成し遂げることで、精神は他者を自分のうちへと取り込んで無限なものとなり、絶対的なものの精神となる。しかしこれは、他者においてふたたび自分へと帰ることであるから、形而上学の終わりは論理学の始めへと戻っていくことでもある。有限なものの無限なものへの高まりと、無限なものの有限なものへの現れは、二つの相関する道のりとして同一の円環過程のなかで統合され、これによって論理学は形而上学への導入という機能を失って、それ自体で本来の学問である形而上学となる。

論理学と形而上学のこのような相互連関は、体系の全体を円環過程として形づくっていく。発展の過程を押し進めるものは精神であり、形而上学の終わりが論理学の始めに帰って両者が結ばれるのも、精神の円環運動によるが、精神が自己を実現するように全体を形成するから、体系は精神の展開過程として表現される。発展の過程はいずれの段階も精神の一歩であり、そのつど体系を構築する過程となる。精神の概念は、統一から出発しながらも他者に対して自己を表現し、そして自分のなかへと戻ってくる。これによって哲学の全体は閉ざされた体系となり、体系は円を描いて自らをその過程のなかへと閉じ込める。精神の自己展開は哲学を閉ざされた体系となす。

そこでヘーゲルは、精神の直接の現れである意識を体系の入り口にもってくる。意識は知るものと知られるものとの対立から出発するが、対立を破棄して両者を統一するのが意識である。自らの外に他者を見いだす意識は、経験を積んで他者とは自分のことなのだという自覚にいたる。こうして意識は、対立を脱して他者のうちに自分自身を見いだす精神となる。そのかぎりで意識のうちにこそ自らを展開しながら自分へと帰っていく精神の可能性があった。これは、出発点へと戻っていく精神の自己展開の運動に対応しているから、精神が意識化する過程ともいえる。このように哲学の体系は、精神の現象を介して知の全体である学問の体系へと発展していく。

ここからヘーゲルは、精神ではなく意識を出発点とする体系を構想していく。これまでの体系構想との違いは、「意識の経験」という導入の問題にある。ヘーゲルの思想発展のなかではじめて、意識の経験による導入という問題が生まれてきた。ヘーゲルは論理学と形而上学の区分を現象学の問題へと組み替えて、そこへこの区分を持ち込んでくるが、両者の関係づけがきっかけとなって、論理学そのものが絶対的なものの形而上学を構成することになる。そのために、精神の現象学が意識の歴史を叙述するという導入の役割を引き受けることになったのである。

ここには論理学と形而上学を区別するものは何もないから、体系の根底にあって体系全体を支える「実体の形而上学」は、体系内部の自己運動を通して体系を完成へと導く「主体の形而上学」へと転換していく。実体の形而上学は、有限なものをすべて無限なものへと包み込んで体系の根底へと行き着いたが、それに対して主体の形而上学は、この包み込みを有限なものの働きかけ、自己運動としてとらえ直していく。このとらえ返しが体系への導入という新たな問題を引き起こすことになった。そのために、実体の形而上学から主体の形而上学への転換のなかで、論理学と形而上学を区別する構想は放棄され、それに代わって、有限なものが否定を繰り返していく弁証法が思弁哲学として登場してくる。そこでは、有限なものから無限なものへの経験の道のりと、無限なものから有限なものへの現象の道のりとが、ぴったりと重なり合って現れてくる。

4 一八〇五／〇六年の「実在哲学」（自然哲学と精神哲学）

論理学と形而上学が思弁哲学へと統合されていく過程で、意識の経験が体系の導入部に置かれる。ここで体系への新たな導入として現象学が付け加えられ、これによって現象学が体系の第一部という位置を獲得する。意識の経験のあとに論理学が登場するのであり、ヘーゲルは、意識の経験という導入部を論理学という学問そのものに先行させて、体系の一部へと組み込んでいく。

これはまた、思弁哲学が現象学と論理学に分かれていくことを意味している。ヘーゲルは精神現象学と論理学を思弁哲学として組み立てるが、しかしこの構成は一八〇五／〇六年の「実在哲学」（自然哲学と精神哲学）において、思弁哲学を実在哲学から分かつことにもなる。論理学と形而上学が統合されるなかで、体系の全体は思弁哲学と実在哲学へと分かれていく。そしてこのときに、体系全体への導入として精神の現象学が登場してくる。

体系のうちでは思弁哲学が本来の学問となり、自然哲学と精神哲学は実在哲学へと統合されていく。思弁哲学と実在哲学の二つが体系の全体を形成することになり、体系全体への導入の役割を果たしてきた論理学が形而上学と一体化して本来の学問となる。そのために、新たな導入として論理学に先行して体系へと導く入門が必要となった。これが精神現象学である。

精神現象学には、体系全体を支える実体としての精神と、体系を突き動かす主体としての精神という二つの側面がある。一方は精神が意識に自らを現す過程であり、もう一方は意識が精神へといたる過程である。この過程をヘーゲルは意識の経験を通して叙述していく。このためには、意識が自己を見いだす地点にまで経験を積んでいく必要となる。すなわち、意識が自己を知るにいたる過程、自己意識への道のりの叙述が必要となる。逆にいえば、自己意識であることが明らかになったとき、意識は経験を積んで自らに達したことになる。このときに意識の経験という当初の課題は果たされることになり、意識の経験がじつは精神の現象だったのだというかたちで終結する。

意識がとらえるのは精神であり、意識とは精神の知のことであるが、精神の知とは、意識のうちで分割されて取り戻された知のことであり、媒介を通じて再生された直接知のことである。意識は分割されて自らを表し、意識の分裂は対象との統一へと達する。意識が対立から統一へ向かうのは、対象からの分離ではなく対象とのより高い統一をめざしているからである。この統一に体系の理念となる精神が現れてくるから、意識のうちにこそ精神の可能性が潜んでいたといえる。

精神が意識の分裂を経て自らの統一を獲得したところで、精神は自らの知を直観・表象・概念へと展開して、芸術・宗教・学問を生みだしていく。つまり、精神が絶対的なものを直観によってとらえると芸術が生まれ、表象によってとらえると宗教が生まれ、そして概念によってとらえると学問が生まれる。精神は芸術から宗教へ、そして学問へと発展して絶対精神の自覚へと達するが、これによって芸術・宗教・学問が精神の所産として自覚され、精神の自己意識とともに統一へともたらされる。

ヘーゲルはこのように精神の概念を体系の中心に据えて、体系の全体を精神の自己展開として叙述していく。一八〇五／〇六年の「実在哲学」において、精神の発展が主題となるのもそのためである。ヘーゲルは精神を発展の主体と定めて、発展の出発点に精神の直接態である意識をもってくるから、意識が体系の入り口へと導入され、そして哲学の体系が知の全体として組み立てられる。そのためにも、意識の設定が哲学体系の成立への前提となっていた。

意識の設定は、すでにイエナ時代におけるヘーゲル哲学の主要な対象となっていたが、意識の経験が主題となるのは、体系への導入部を設定するというこの問題においてである。そこでは、精神の限定された概念である意識を展開することが課題となるが、そのさい、精神の現れる最初の姿が意識一般としての精神の概念となり、そこから精神は自らを全体へと形成していく。それに応じて、体系の全体も「哲学の体系」から「学問の体系」へと変わっていく。学問とは体系化された知識の全体を意味しているから、体系は精神が意識を通して展開する過程の全体として理解されるにいたる。

この時点からヘーゲルは、のちに「学問の体系」としてまとまるような体系的な著作の出版を企画していく。たとえば、一八〇五年夏学期には講義用の教科書を予告し、一八〇五年の秋までに『哲学の体系』という本を書くつもりだと伝えている。この計画によれば、意識が自己同一的な実体から出発し、区別を乗り越えて、人倫的な実体へと戻ってきて絶対的な意識となり、そこから絶対知が生まれてくるのだという。

またヘーゲルは、精神現象学のための断片のなかでも、確信と真理の統一が対立へと移っていく必要を説いたうえで、精神の自己への帰還がこの移行を通じて意識にも明らかになると述べている。ここでは、精神が意識を通して自らをあらわにする過程を解き明かそうとするが、意識の経験を通じて学問へといたる過程から、確信と真理の統一が学問の目標として定められ、この統一において自らを精神として知る精神が絶対知として生まれてくる。こうした発展の過程は、意識経験の学から生まれた学問の体系という構想と結びつき、これは一八〇七年にいたって、意識に自己意識への道程を示す「学問の体系」の第一部『精神現象学』となって結実する。

5 体系草稿から精神現象学へ

ヘーゲルの哲学体系は、一八〇一年の最初の講義では四つの部分に分けられていた。すなわち、論理学と形而上学、理論哲学（自然哲学）、実践哲学（精神哲学）、絶対無差別の哲学（芸術・宗教・思弁）の四つである。実践哲学と絶対無差別の哲学の二つが精神哲学のなかに収まると、体系に先行する導入部として意識経験の学あるいは精神の現象学が登場してくる。ヘーゲルは、一八〇四年の講義で精神哲学を予告したときにすでに、精神の現象学を構想しており、そして一八〇五年にはそれを意識経験の学としている。すなわち、体系の全体へと発展する精神の成立と同時に、体系への導入という意識の問題が立てられていた。

ヘーゲルは一八〇五年夏学期に学問全体の講義を予告しているが、実際には、第一部の論理学を講義したにすぎなかった。しかし一八〇六年夏学期になると、論理学が哲学体系の思弁的な基礎をなすにいたり、そして体系の基礎となる論理学と形而上学が統一され、体系への導入としての意識の問題が主題となって現れてくる。ヘーゲルの構想は、精神の概念を体系のなかに導き入れて根本概念と定めたのちに、さらにそれを、自己否定を通じて自分へと戻ってくる絶対精神へと発展させていくことであった。こうした発展を叙述するために、精神とその直接の現れである意識とを媒介する精神の現象学が必要となったのである。

歴史的な発展として見れば、精神の現象学は学問の体系への導入部として構想されたものであるが、手を加えるうちに新たな位置を獲得してそれ自身で本来の学問となった。つまり学問の体系は、それに先行する導入部を本来の学問としてしまったのである。ヘーゲル自身は当初、体系への導入部である精神の現象学を意識経験の学として刊行しようとしていたが、しかしそうはならなかった。

できあがった『精神現象学』を見ると、最初に書かれた「序論」は、作品の意図を意識経験の学として定めながらも、精神の現象学への発展を予想しているし、最後に書かれた「まえがき」は、作品の結びを精神の現象学として特徴づけているが、意識経験の学を前提としている。そもそも、意識が自らを精神へと形成することは、意識の経験という過程のなかで精神が自らを現すことであり、その成果が学問の体系を形成するはずであった。「意識経験の学」が「精神の現象学」となり、「序論」と「まえがき」が結びつくのもそのためである。そこでヘーゲルは、「まえがき」において作品の重点を、

「序論」のなかで支配的であった意識の概念から精神の概念へと変更した。

以上のように体系の構築を発展史的に考察してみると、精神の現象学が体系への導入として構想されてきたことがわかる。そして体系を仕上げるうちに、体系への入門がしだいに思弁哲学そのものになっていくのも見えてくる。新たな課題は、どのようにして体系のなかへと入っていくのかという問題であった。そのためにヘーゲルは、はじめは意識の経験という入門を構想したが、やがては精神の現象学という新たな展開へと行き着く。意識経験の学が精神の現象学へと移っていくのも、意識の発展が精神の現象としてとられ返されるからである。そこでは両者は統合されて、学問の体系を構成する中心的な理念も意識から精神へと変わっていく。これによって、精神は意識が自らの否定を経験する過程において自己を形成し、その成果は知識の全体である学問の体系をなすにいたる。

ヘーゲルは一八〇四年ころからすでに、イエナ大学での授業のために教科書の出版を準備していた。『精神現象学』というヘーゲルの書物は、大学での授業用教科書として準備されてきたのであり、当初の計画では印刷が一八〇六年二月に始まって春にはできあがるはずであったが、印刷そのものが一八〇六年夏学期にずれ込んでしまった。一八〇六年夏学期の講義では、本の内容も告げられており、講義のなかでは校正刷りが受講生に配られていたという。このように一八〇六／〇七年冬学期の講義には、実際に『精神現象学』という書物の題目が告げられて出版が予告されていたのである。

推薦図書

・寄川条路編訳『初期ヘーゲル哲学の軌跡——断片・講義・書評』(ナカニシヤ出版、二〇〇六年)。一八〇一／〇二年の「論理学・形而上学」の翻訳を含む。論理学、反省による分析、悟性による総合、理性の弁証法、形而上学からなる、ヘーゲルのイエナ大学での最初の講義を忠実に再現している。

・ヘーゲル『論理学・形而上学――ヘーゲル哲学体系初期草稿1』田辺振太郎訳（未来社、一九九八年）。

一八〇四／〇五年の「論理学・形而上学」の翻訳である。一重の関係・比関係・比例からなる論理学と、認識・客観性・主観性からなる形而上学を含む。ラッソン版からの翻訳であり、ラッソンの解説も付いている。

・ヘーゲル『自然哲学（上・下）――ヘーゲル哲学体系初期草稿2・3』本多修郎訳（未来社、一九七三年、一九八四年）。

一八〇四／〇五年の「自然哲学」の翻訳である。イエナ時代の草稿のなかでもっとも比重の大きいとされる自然哲学のなかにあって、体系的に仕上げられた段階の叙述である。各版の異同を加味した訳となっている。

・ヘーゲル『イェーナ精神哲学』尼寺義弘訳（晃洋書房、一九九四年）

イエナ大学で行った講義の草稿のうちの「精神哲学」の翻訳である。理性の狡智や人倫の思想がちりばめられ、人間の自己意識や社会認識の発展、国家権力のあり方や学問の方法論などが自由な時代精神を背景に展開される。

・ヘーゲル『イェーナ体系構想――精神哲学草稿1・2』加藤尚武監訳（法政大学出版局、一九九九年）。

一八〇三／〇四の「精神哲学」と一八〇五／〇六の「精神哲学」の翻訳である。ヘーゲルが自ら抹消した草稿部分を復元しつつ、意識から国家・歴史へと弁証法が具体化される過程を明示し、ヘーゲルの思索の苦闘をよみがえらせる。

第4章　精神現象学（一八〇七年）

『精神現象学』の正式な書名は『学問の体系』の第一部『精神現象学』といい、著者ヘーゲルの肩書は「イエナ大学教授・哲学博士・王立鉱物学会準会員・その他の学会員」となっている。バンベルクとヴュルツブルクにあるゲープハルト書店から一八〇七年に出版されている。

目次にある「学問の認識について」のところで、ヘーゲルは自らの哲学が扱うテーマを箇条書きにして述べている。すなわち、真理の場は概念であり、概念の真の形態は学問の体系である。精神はいまどこにいるのか。原理はまだ完成ではない。形式主義に反対する。絶対的なものは主体であるが、主体とは何か。知識の場はどこなのか。知識へ高まることが精神現象学である。印象や知識を思想に変え、思想を概念に変える。どのくらい精神現象学は否定的なのか、つまり誤りを含むのか。歴史の真実と数学の真理、哲学の真理とその方法の特徴。図式的な形式主義に反対する。哲学研究に必要なことは何か。否定的な態度で考える論証と、肯定的な態度で考える論証とその主体。常識とひらめきとしての自然な哲学。著者と読書の関係。以上が『精神現象学』で扱われる主要なテーマである。

『精神現象学』の目次を拾っておくと、つぎのようになっている。まず、「まえがき」と「序論」があり、それにつづいて、第一編「意識」は、第一章「感覚の確かさ――これと思い」、第二章「知覚

――ものと錯覚」、第三章「力と知性――現象と超感覚世界」とある。第二編「自己意識」は、第四章「自分自身だという確信の真理」にあたり、このなかに、第一節「自己意識の自立と依存――主人と従者」、第二節「自己意識の自由――ストア主義、懐疑主義、不幸な意識」がある。第三編の㈠は「理性」であり、これが第五章「理性の確信と真理」にあたり、このなかに、第一節「観察する理性」、第二節「理性的な自己意識の自分自身による実現」、第三節「それ自体で現にあり、そのことを自覚している個人」がある。第三編の㈡は「精神」であり、これが第六章「精神」にあたり、このなかに、第一節「真実の精神、倫理」、第二節「自分から離れた精神、教養」、第三節「自己を確信している精神、道徳」がある。第三編の㈢は「宗教」であり、これが第七章「宗教」にあたり、このなかに、第一節「自然宗教」、第二節「芸術宗教」、第三節「啓示宗教」がある。第三編の㈣は「絶対的な知識」であり、これが第八章「絶対的な知識」にあたる。以上のように、目次は相当に入り組んでいて混乱している。

しかし、『精神現象学』の主題ははっきりしている。すなわち、作品の全体を貫くテーマは、「真理を実体としてのみならず、主体としてもとらえ、表現することである」。これは、「実体が本質的には主体であること」を証すことでもあるから、ここでは、実体と主体というキーワードを使って、『精神現象学』の全体を解きほぐしていこう。

まず、実体と主体という二つのことばの意味をはっきりさせておく。ドイツ語の実体（Substanz）は、下にあるものとしての基礎あるいは基盤を意味している。実体とは、さまざまな性質・状態・作用の根底に横たわっていて支え担うものである。したがって、生成変化する現象のうちにあっても、自分のもとにとどまるものである。それに対して、ドイツ語の主体（Subjekt）は、もともとは、下に投げられたもの、下に置かれたもの、下に横たわるものを意味していた。ところが、日本語の場合には、「主体」ということばは、身をもって存在するもの、倫理的・実践的に行為するものを意味している。それに対して「主観」といえば、目で見るもの、あるいは認識論的に意識するものを意味している。ヨーロッパ語では、一つのことばに、主体と主観という二つの意味が含まれているので、ここでは、どちらの意味内容をも含むものとして、広い意味をもつ「主体」を用いておく。

主体とは、客観に対立する認識主観ではなく、対立を克服する行為主体である。それは、統一を破って対立に陥りながらも、対立を克服するところに生まれてくる働きである。実体と主体を互いに関係づけるとき、実体といっても不動のものではなく、活動するものとして対立に陥りながらも、統一を回復して自分自身の根拠に帰っていく主体となる。

1 実体と主体

『精神現象学』の叙述は、まずは、精神の歴史を回顧することから始まり、そこから哲学の課題へと進んでいく。そして、哲学の真理とは何かが語られ、体系化された知識としての「学問の体系」が構想される。それでは、精神の歴史を概観したうえで、意識を媒介とする精神の運動を見ていくことにしよう。以下において、精神の運動を通して哲学が真理への道をたどっていく。

一　精神の歴史

人間の最初のあり方は、身近な信念のうちにとどまって、満足と安心のうちに生きている段階である。そしてこの段階が「実体の生」と呼ばれるのは、自分と他者、意識と対象、主観と客観、思考と存在、有限と無限などの対立が、まだ分裂せずに直接的に統一しているからである。

ところが、精神は自らの生を反省して深く考えることで実体の生を超え出ていく。精神は自らの信念のこのような直接的なあり方を超えると、実在と自分との統一という強い確信から生まれる満足と安心を失う。こうして実体の生は分裂する。これを行うのが主体のなす反省であり思考である。反省によって統一は破れるが、それだけではない。他者から自分へ、対象から意識へ、客観から主観へ、存在から思考へ、無限から有限への移行がなされる。この段階は、人間の関心をこの世の生活に向けてしまう。そこでこの段階は、自己への反省と呼ばれる有限の段階である。人間精神は実体を喪失して自己自身への反省という一方の極に移っている。

しかし、精神は反省という段階をも超え出ようとする。なぜなら、本来的な生活が失われているだけではなく、精神はこのような喪失を自覚してもいるからであり、自分を有限なものと認めているからである。こうして精神は、主体の反省による対立と分裂に陥り、有限な現世にとどまる生活から、ふたたび実体の回復に向かっていく。

ただし、実体の回復には二通りある。一つは、直接的に実体を回復し再興しようとするロマン主義であり、その直観である。ところがこれでは、対立と分裂は解消するだけで、実在も空虚な深淵に陥るのみである。もう一つは、媒介としての反省を不可欠の通過点として認める理性の立場である。これがヘーゲルの哲学的態度である。ここでは、理性は反省する知性よりも高いものでありながら、けっして知性を捨象するのではなく、これを一つの契機として救済するものと考えられている。その意味で、理性は知性的でもある。

そこで、一方では、反省の段階を媒介にしつつ実体を回復する理性の立場をとることが必要であり、また他方では、このような過程を経て誕生した理性を、豊富な内容と知性の形式に即して展開することが必要となる。この展開過程の叙述が哲学の課題である。

二　哲学の課題

『精神現象学』の主題は、「実体が本質的には主体であること」を証すことであった。実体が主体であるのは、実体が自己自身を設定する運動だからである。言い換えると、実体が他者となりながら、自己自身と媒介する運動だからである。実体とは、単一なものを二つに分裂させながら、こうして生じた区別と対立をふたたび否定する働きである。主体も最初は実体として対立を直接的に統一している。しかしやがては反省によってこの統一が崩れて区別と対立が生じ、これを徹底することでかえって統一への取り戻しが行われる。したがって、自己を再興する統一においてはじめて主体は成立するのであり、主体とは反省に媒介された実体にほかならない。

直接的なものは、他のものとなって取り戻されなくてはならない。この意味で移行は媒介である。媒介とは自分で自分の他者となりながら自己同一を保つことである。言い換えると、媒介とは自分自身のうちへと帰る反省のことである。媒介を通じて、実体的な統一が回復される。そこで真理は、他者のうちにあって自分自身に帰ることであり、自己を再興する統一となる。「真理とは、自分自身となる生成であり、自らの終わりを目的としてあらかじめ前提し、また始めとしてもち、そしてただ目的を実現して終わりに達することによってのみ現実となる円環である」。

こうした円環運動によって目的は実現されるが、展開された生成が最初の直接的な統一に等しいのは、自己内に帰還した結果によっている。このように哲学の認識は他者における自己認識であり、これが学問の成立する地盤である。したがって、学問は媒介としての反省を欠くときには現実を欠き、現実を欠いているときには、学問はただ可能なものにすぎない。そこで可能なものが自己を展開して、現実のものにならなければならない。このことは、可能なものが意識として自己を設定することを意味している。一方では、学問は意識に対して意識が学問の境地に達することを要求するが、しかし他方では、意識は学問に対して学問の境地に達するための道程を要求する。すなわち、経験する意識はそれ自身のうちに可能的には、すなわち目的であり目標としては、学問の境地がすでにあることをあらかじめ要求している。

したがって、ヘーゲルの『精神現象学』は、人間の精神がこれまでに遍歴してきた教養段階を意識に追体験させるものであり、このさいに精神は意識の実体となる。このことは、実体である精神の側からすれば、実体が自己に意識を与え、自らを反省することを意味している。それに対して意識の側からすれば、すでにあるものを自己内に摂取することを意味している。なぜなら、絶対知の立場がたとえ経験する意識に自覚されていないとしても、すでに意識の実体となっており、意識は可能的にはこの境地に達しているからである。

こうして、『精神現象学』には二つの側面があることになる。一つは「意識経験の学」であり、もう一つは「精神の現象学」である。前者は、意識が経験を積み重ねることによって学問へと達する道程であり、学問の体系への序論である。これに対して後者は、すでに学問に達した精神が、経験する意識に道案内をするという意味で、自己を現象させる精神の歴史である。そこでヘーゲルは、『学問の体系』の第一部である『精神現象学』において、媒介の手順を三つの段階に分けて論じていく。

第一の段階は「感性」である。感性は未分の統一であり、融和の状態である。それは、美しく調和した全体を形成するが、自己完結して安らい、実体的生の直接的な関係にとどまっている。第二の段階は「知性」である。知性は実体を分析して根源的な要素に還元する。知性とは判断の能力であり、判断とは分割することである。分割によって要素は各々独立して、相互に分離して固定する。分解の働きは知性の威力である。そこで、実体がもっていた美しい調和は知性によって引き裂かれ、生きた全体は死んだ抽象に転化する。第三の段階は「理性」である。理性は分裂と対立を回避するのではなく、むしろ否定を直視し、分裂と対立のただなかにあって統一を回復する。否定を肯定に転換する力が、意識と対象との対立を相互転換の運動を通じて統一する。知性によって固定された思想は、理性によって解放される。言い換えると、理性は思想を自己運動する循環過程に転換する。

直接的なものはいったんは意識によって外化され、外化から帰還して意識にとっての自己となる。このさい、否定を肯定に転換する力が主体である。主体とは、たんにあるにすぎない直接態を克服して、直接的でありながら自己内に媒介を含むものである。存在は媒介され、対象として限定された内容ではあるが、この内容は同時に意識にとって自分のものとなる。意識と対象の否定的な関係は、同時に実体の自分自身との否定的な関係である。「実体の外に起るように見えるもの、実体に向う働きであるように見えるものは、実際のところは、実体自身の働きなのである」。

三　真理とは何か

『精神現象学』における真理は、意識と対象、主観と客観、思考と存在の統一であるとしても、この統一は区別と対立を排除した統一ではなく、区別と対立を設定して、これを克服することによって再興された統一である。しかも、統一を再興したのちにおいても、区別と対立は不可欠な要素でありつづける。真理とは、区別と対立という否定的なものを、ただ克服された契機としてのことではあるが、自己内に含むことになる。ここに哲学の真理のもっている特徴がある。

ヘーゲルによれば、哲学の真理にまで達していない低次の真理として、事実の真理と数学の真理がある。事実の真理とは、たんに個別の事実を記述して記録した物語にすぎず、精神の現れである歴史ではない。歴史は時間において現象する精神であり、自己を外化する精神であるのに対して、事実とは偶然の形式において現れた姿にすぎない。他方、数学の真理とは、数学が扱うような、ことがらにとって外面的な真理である。というのは、数学は量あるいは大きさという外面的な仕方で対象を扱うからである。しかもこの取り扱いが、空間という静止した場所でなされている。したがって、数学の真理は、内容に即した考察であるよりも、内容から外へ出て主観のうちへ帰るものであり、抽象的な段階にとどまっているという。

真理は自立しているが、自分自身との同一なくしては崩壊してしまう。ところが、真理の存立が自己同一であることで、真理は自分自身から自己同一だけを抽象したものとなる。そこで、真理自身が自分自身と不同であることになり、自己の解体をきたす。真理が解体するのは、外にある虚偽にかかわることによってではなく、自分にかかわることによってである。そこで、哲学の真理は否定を自分のなかにもち、否定へと自分でかかわっていく。真理は自分自身で区別と対立を設定して、自分自身の内面に帰っていく。それだから、真理はある規定にとどまるのではなく、規定の相互転換をなす。それは肯定ではあっても、否定として区別と対立に陥りながら統一を回復する肯定である。自己同一は、それにとって否定に対立することがあってはじめて成立するから、自立存在はむしろ他者依存に転換し、そして他者における自己同一として真理は確保される。自己同一ないし自立存在とは、自己運動するものなのである。

2　意識の経験

『精神現象学』の最初に書かれた「序論」は、全体の構想や意図や手法を明らかにしている。序論は問題を設定し、その問題を解くための方法を明確にする。そこで解明されるのは、認識の問題である。ヘーゲルによれば、絶対的なもののみが真理であるから、絶対的なもの以外に認識すべきものはない。しかし、『精神現象学』は、絶対的なものを知る代わりに、意識のなかにある知を考察することから出発する。それは現象するものの知から出発して、絶対的なものの知に高まるからである。したがって、自然にある素朴な意識が、学問の立場にある絶対的なものの知へと進展する道程を描くことになる。そして、意識が発展する過程の必然性を解明するとともに、この過程の到達点に向かっていく。では、どのような意味で、この発展が経験する意識の道程となるのだろうか。

一　認識の問題

まず、絶対的なものを認識するまえに、あらかじめ認識について理解をえておくことが必要である、と考えることもできる。しかし、あらかじめ認識について理解をえておくという考え方は、絶対的なものと認識とのあいだに両者を分けるものがあることを前提している。認識は、絶対的なものという真理の外にありながら、しかもなお真理であろうとするわけである。それだから、この前提そのものが問題であることに気づくことはない。このような考えは、ヘーゲルにいわせれば、誤りに陥ることを恐れて疑いを抱くが、本当のところは疑いを抱くことは疑わず、真理に対して恐れを抱いているにすぎない。認識は絶対的なものの知にまで進展する道程を省き、現象するものの知の領域にとどまろうとしている。

だが、このような考えにとどまる必要はない。絶対的なものの知が明らかになれば、この考えは知のたんなる現象であるにすぎないことがわかるからである。そうはいっても、絶対的なものの知も登場してくるからには、現象する知にすぎない。絶対的なものの知も登場したかぎりでは、実現された絶対知ではまだない。絶対知も、完成されていなければ、現象したにすぎない知にとどまっている。絶対知はこの現象知を脱しなければならないが、そのためには現象知に逆らい抵抗しなければならない。だからこそ、現象知が考察されるとき、それは自ら消えていくことになる。こうした意味で『精神現象学』は現象知の叙述を企てるのである。

二　現象知の叙述

現象知の叙述は意識と対象が統一しているところから出発する。しかし、主観と客観を区別する意識もまた必要である。絶対知が問題にされなくなるのではなく、むしろそこでは、現象知が意識の発展過程となり、絶対知はその到達点となる。これは主観から客観に達することである。そうすると、絶対的なものはもはや知の彼岸にあるのではない。絶対的なものの知とは、意識が自らを自覚した自己知のこととなる。そして現象知とは、絶対的なものが自らを知る知となる。現象知は絶対的なものを開示し、それによって絶対知に高まる。絶対的なものと意識のもつ対立は、もはや分離してはいない。対立は絶対的なものの一つの契機となり、絶対的なものは意識のなかで自分自身を知るものとなる。自己の知であるかぎり、それは対立を超えた絶対的なものではなく、自らにおいて自己を対立させる絶対的なものである。

意識のもつ対立といっても、対立が意識に外から加えられるのでもなければ、意識の外にある存在が意識に対象として与えられるのでもない。つまり、意識と対象との対立を前提して、意識は自分の外にある対象から、意識の内容を受け取るのではない。対立とは意識が発展する一つの過程にほかならない。したがって、主観と客観、意識と存在の統一が経験の出発点であるといっても、この出発点は両者の潜在的な統一である。そして、経験に先立って出発点がそこに置かれるのは、経験されないものは何も知られないからである。「意識は、経験のうちにあるもの以外の何ものをも知ることはないし、とらえることはない」。意識のうちにあるものは経験される。これが「意識経験の学」の基本原則である。経験の出発点が意識と存在の同一のうえに据えられるように、ヘーゲルは、主観と客観の直接的な統一に経験の出発点を定める。

三　叙述の方法

意識の経験とは、自然な意識が真実の知に迫っていく道程である。この道程は意識が自分を知ったときに完成する。だが意識はその過程で自分の知が正しくないことを自覚するにいたる。そこで、この道程は意識にとっては否定の意味をもつ。しかし、意識の経験はたんなる否定ではない。そこにはすでに新しい形態が生じている。否定をうちに含むことで意識は自分を形成していくからである。「意識がこの道程において経験する一連の形態は、意識が学問へと教養を積んでいく具体的な歴史である」。意識が自らの知が真実でないことに気づいたとき、すでにそのときには誤りを乗り越えている。自分の誤りを認識することは、別の一つの真理を認識することである。誤りに気づくことは、新しい真理を前提としているし、乗り越えられた誤りは、真理の一つの契機となる。「アウフヘーベン」(克服する)とは、否定するという意味と保存するという二重の意味をもつとともに、同時にそれは、「超越する」という第三の意味をもっている。

しかし、経験する意識自身は、否定のもつ肯定的な意味を認識していない。新しい真理の発生を認めるのはまだ、意識の経験を外側から眺める「私たち」のみだからである。著者であるヘーゲルも含めて、読者である「私たち」だけが、意識の発展を再構成するのである。意識の経験を眺める「私たち」は、そこに目的が内在し、それがあらゆる発展を指図するのを見る。目的論的な構造のなかに必然性が潜み、秩序の全体を支配しているのを見るともいえる。第三者的な視点に立つ「私たち」の助けによって、意識の積む経験の道程は学問へと高められる。だからこの助けがなくなったとき、経験の道程が完成したことになる。「私たち」と意識の分離がなくなったとき、意識は思い込みを脱して自らの真理に達した精神となる。このとき、精神は現象において自分と一致するのであり、このための叙述が意識の経験なのである。この一連の叙述において、意識は精神がそこにあったのだということを認識するから、その意味において、「精神の現象学」は「意識経験の学」なのである。

3　意識のさまざまな形態

『精神現象学』は、もっとも素朴な意識から出発するが、対象を知っていると思い込んでいるこの意識が「感覚」である。感覚は個別的な「これ」を対象としている。しかし、「これ」といっても、すべてのものが「これ」といえるから、個別はすべて普遍である、というのがヘーゲルの論法である。今度は逆に普遍の側からすると、知覚の対象である「もの」が生じる。「もの」は多くの性質をもっていて、他のものとかかわっている。だが知覚では、個別と普遍は対立するだけで、まだ統一してはいない。そこで、「もの」は個別と普遍が対立した特殊であり、個別によって制限された普遍である。対立する一方だけを対象とすると、知覚は錯覚に陥るが、しかし、知覚の陥る錯覚は、かえって個別と普遍を超える統一があることを示し、限定されない普遍があることをさす。このとき普遍を対象とする意識は知性であり、その対象は「力」となる。一つの「もの」と多くの性質との関係は力とその現れとなり、あるものと他のものとの関係は二つの力となる。こうして力は、感覚されたり知覚されたりするものではなく、「もの」に備わる内面となる。ここで、意識は対象を知ることで自分を意識し、自分自身を知ることになる。このように、感覚・知覚・知性という三つの段階で実現される意識の運動が、意識から自己意識へ向かう運動である。

自己意識ともなると、意識は対象が自分であると固く信じているが、しかしこれはまだ主観的な確信にすぎず、現実には対象は他者として対立している。そこで意識は、自らに立ちふさがる対象を現実に自分のものにしようとする。意識のこの経験を再構成するのが自己意識の課題である。普遍的なものであると確信している自己意識も、実際には個別的な意識をもつ個人であるから、自分の外にある対象を自分のものにしなければならない。つまり、対象を否定して消費し、自らの欲求を満足させようとする。ところが、欲求を満たすためには対象が必要であり、欲求は対象への依存に終始し、究極の満足はえられない。満足がえられるのは、対象が消費されるものではなく、自らを否定する自己意識であるときのみである。すなわち、対象が意識をもつ個人のときにのみ、対象の否定は可能となる。そこで、自己意識は他の自己意識との関係に移っていく。

ある自己意識が他の自己意識に対峙するとき、特殊な意識と特殊な意識が対立することになり、自己意識と自己意識の関係は、労働を媒介とする主人と従者の関係となる。しかし、主人は従者がいるから主人であり、従者は主人がいるから従者である。ヘーゲルの弁証法によれば、従者は主人に依存し、主人は従者に依存しているので、両者の関係は逆転して、主人が従者になり、従者が主人となる。両者が交替することで普遍的な自己意識が成立する。ここではじめて自己意識は他者のうちで自己同一を保つ自由を獲得するが、ヘーゲルによれば、普遍的な意識がもつ自由には三つあるという。すなわち、哲学史的にいえば、ストア主義、懐疑主義、不幸な意識の三つである。ストア主義の自由は観念の立場からする抽象的なものであり、懐疑主義の自由は抽象的な自由を具体化して、あらゆるものに変転をもたらすものである。ここから、変化する意識と不変の意識との二つに分裂した不幸な意識が生じる。そして最後に、二つに分裂した自己意識が統合されると普遍が成立する。

このようにして、意識の経験は、対象へ向かうことで他者依存が同時に自立存在であることを明かし、自己へ向かうことで自立存在が同時に他者依存であることを明かした。したがって、対象意識と自己意識との統一である理性は、主観的な意識の規定であるとともに客観的な存在の規定でもある。

理性は、意識すなわち主観であるとともに、存在すなわち客観でもある。理性は主観と客観との同一、思考と存在との同一である。思考の規定は存在の規定であり、自分自身に対する思考は存在に対する思考である。このような同一は、対象に向かう意識と自己に向かう意識との総合である。ここでは、真理は客観的な真理であると同時に主観的な確信でもある。ということは、真理がもはや意識にとって他者ではないということである。「理性とはあらゆる存在であるという意識の確信なのである」。

しかしそうはいっても、登場してきたばかりではまだ、理性も主観的な思い込みであるにすぎない。理性はあらゆる存在であるという直接的な確信なのである。経験する意識は理性に達してはいるが、この理性はまだ主観的な確信にとどまっている。そこで、主観的な確信にとどまる理性は、客観的な真理へと高まらなくてはならない。では、どのようにして理性は客観的真理へと高まるのであろうか。差し当たっては、理性は思考と存在との、自己意識と意識との直接的な統一であるから、両者の媒介を求め、抽象的で空虚な自己を充実させようとする。すなわち、対象を観察することによって自己の媒介を求め、自己の充実を求める理論的な理性となる。ところが、理性は観察しているうちに、思考と存在には統一があると同時に対立もあることを経験する。対立を克服するために、理論的な理性は実践的な理性へと変わっていく。理性は観察によって理論的に探究し、実践的な行為によって思考と存在の対立を克服しようとする。こうして意識の経験は、対象意識から出発して自己意識を経て理性へと到達する。

このようにして『精神現象学』は、意識と自己意識の両者をあわせもつ理性へと到達し、さらにそこから精神の発展過程が描き出されて、最後には宗教の諸形態を経て絶対知へと向かっていく。

推薦図書

・ヘーゲル『精神現象学』(上・下) 樫山欽四郎訳 (平凡社、一九九七年)。

感覚という意識のもっとも低次の段階から、経験を通じて、精神が絶対知に達するまでの過程を描く。意識・自己意識・理性・精神・宗教・絶対知という過程をたどる思索と洞察の書であり、現代哲学の源流といわれるヘーゲルによる哲学史上もっともすぐれた作品の一つである。人間の意識の展開が、同時に人類の歴史というかたちで叙述される。原文に忠実な翻訳であり、改訳の文庫化で入手もしやすい。

・ヘーゲル『精神現象学』長谷川宏訳 (作品社、一九九八年)。

日常的な意識としての感覚的な確信から出発して、時空の全体を見わたす絶対知にいたる意識の経験の旅路を描く。理性への揺るぎない信頼と明晰な論理で綴られる壮大な精神のドラマであり、西洋近代哲学のなかで一際高くそびえ立つヘーゲルの体系を描き出す。ヘーゲルの方法論と問題意識と主題を強く打ち出す最初の書である。哲学の専門用語を避けて、平易な日本語に移した画期的な翻訳であり、たいへん読みやすい。

第5章　教育論集（一八〇八年～一八一六年）

1　バンベルクの新聞編集者へ

一八〇七年四月に『精神現象学』の印刷が完了すると、ヘーゲルはこの本を教科書にして、一八〇七年夏学期の講義を行うつもりだった。イエナ大学の講義の掲示には、『学問の体系』の第一部である『精神現象学』にもとづいて、論理学と形而上学の講義を行うと掲示されている。しかし実際には、この講義は行われなかった。なぜなら、すでに一八〇七年三月には、ヘーゲルはイエナからバンベルクに移っていて、『バンベルク新聞』の編集者になっていたからである。

一八〇七年冬学期には、ヘーゲルはイエナに戻って講義を再開すると掲示を出している。しかしこれもまた掲示をしただけで講義は行われなかった。そして一八〇七年十月には、『イエナ一般文芸新聞』に『学問の体系』の第一部である『精神現象学』の広告が掲載され、つづく第二部は思弁哲学である論理学と形而上学、自然哲学と精神哲学を含むことになると告げられている。ヘーゲルは、一八〇七年にはイエナ大学での講義の掲示によって「学問の体系」のプランを公表していながらも、実際にはバンベルクに滞在していたから講義を行うことはできなかった。

大学での授業ができずに困っていたとき、ヘーゲルの生活を支えてくれたのは、テュービンゲン神学校の先輩ニートハンマーだった。ニートハンマーは、テュービンゲン神学校を卒業してイエナ大学で神学を学び、すでに一七九八年にはイエナ大学の教授となっていた。しかし、一八〇三年にはシェリングとともにイエナ大学からヴュルツブルク大学に移っていて、一八〇五年にはバンベルクの教育顧問となり、ついで一八〇六年にはミュンヘンの教育顧問となっている。このとき、バイエルン王国の教育顧問となっていたニートハンマーは、イエナ大学を去ることになったヘーゲルに、バンベルクでの職を紹介し、この職をヘーゲルは受け入れることになった。

一八〇七年三月に『バンベルク新聞』の編集者となったヘーゲルは、「抽象的に考えるのはだれか」、「ドイツ文芸新聞の原則」などの原稿を書いたり、自著『精神現象学』の宣伝のため、紹介文を『バンベルク新聞』(一八〇七年七月九日)、『イエナ一般文芸新聞』(一八〇七年十月二十八日)、『ハレ・ライプツィヒ一般文芸新聞』(一八〇七年十一月二十五日)などに載せたりしている。

2 ニュルンベルクのギムナジウム校長へ

ついでニートハンマーは、ヘーゲルにバンベルクにある神学校の教師職を勧めるものの、ヘーゲルがこれを断ると、今度はニュルンベルクのギムナジウムの校長職を紹介している。ニートハンマーはそのころ、初等中等教育を刷新するために新人文主義を唱えていて、その教育理念を実現する人物としてヘーゲルを推薦していた。これに応じてヘーゲルは、ニュルンベルクのギムナジウムの校長となり、あわせて哲学の授業を担当することになる。そのときにヘーゲルが書いた原稿が『哲学入門』あるいは『哲学予備学』と呼ばれる一連の草稿群であり、これがのちにハイデルベルク大学での教科書『エンチクロペディー』へと発展していく。

一八一二年十月、ヘーゲルはニートハンマーに、ギムナジウムでの哲学の授業について報告書を送っている。そのさいヘーゲルが教育の柱としていたのは、ニートハンマーが考案した『バイエルン王国の公立学校を設置するための基準』（一八〇八年）であった。それによると、ギムナジウムの初級・中級・上級クラス、すなわち、小学校・中学校・高等学校を接続して、学校制度を全体として整えようとするものだった。

そもそも学校とは、ヘーゲルによれば、主観的な愛情に育まれた家庭生活から離れて、子どもたちを学校に囲って客観的な社会的態度を育てる場所であり、自立した大人の態度を身につけるために社会生活に向けて準備をするところであった。したがって、家庭や社会は学校とかかわりをもちながらも、それぞれに自立している必要があった。すなわち、家庭は子どもを学校に送り出して学校と協力して子どもを育て、社会は教育機関として学校の設備や制度を整えていかなければならない。家庭や社会が学校教育に介入してはならず、キャリア教育のような実用主義的な目標を追求したり、国家のための愛国主義的な教育をめざしてもならない。学校とは、今日の言い方をすれば、福祉行政のための機関なのであって、地域の自治体で構成される教育委員会によって運営されるものだった。

ヘーゲル自身は、七歳でシュトゥットガルトのギムナジウムに入学し、十八歳で卒業しているように、ギムナジウムとは、当時のドイツでは、初等教育と中等教育の両方を合わせもっていた。現在の日本でいえば、小学校・中学校・高等学校に相当する。近代ドイツ語の「ギムナジウム」は、古代ギリシアの「ギムナシオン」（運動場）に由来するが、ドイツのギムナジウムは、ラテン語学校に起源があり、一五三八年にヨハネス・シュトゥルムにより設立されたシュトラスブルクの古典語学校以来、十六世紀ドイツの古典語学校に使われてきた名称である。一八〇〇年以降は、ドイツで興隆したギリシア的なヒューマニズムが新人文主義と呼ばれ、プロイセンやバイエルンなどの啓蒙専制国家では、ギリシア・ラテンの古典を基礎にした教養教育が盛んであった。

このような歴史的な文脈において、ヘーゲルは、一八〇八年十二月、当時はプロイセンの支配下にあったニュルンベルクで、ギムナジウムの校長職を務めることになり、初級・中級・上級クラスで、哲学入門、論理学、自然哲学、精神哲学などの授業を行っていく。ギムナジウムでのヘーゲルの授業については、自身の講義録や、授業に出席していた生徒たちの筆記録からうかがい知ることができる。以下に、ヘーゲルの授業科目と筆記録を年度順に見ていく。

3 ギムナジウムでの授業

ヘーゲルは一八〇八／〇九年から一八一五／一六年まで、八年間ものあいだギムナジウムで校長をしながら授業を行っている。

最初の学期となる一八〇八年には、ヘーゲルは中級クラスで論理学の授業を行い、上級クラスでは哲学入門と数学の授業を行っている。中級クラスでの論理学の精神論についての原稿と、上級クラスでの哲学的エンチクロペディーの筆記録、上級クラスでの精神論の筆記録が残されている。

一八〇九年には、ヘーゲルは初級クラスでは論理学の一般概念と法論・義務論・宗教論の授業を行い、中級クラスでは意識論と心理学の授業を行い、上級クラスでは論理学の授業を行っている。初級クラスでの論理学の原稿と、上級クラスでの精神論の筆記録が残されている。

一八一〇年には、ヘーゲルは初級クラスでは法論・道徳論・宗教論の授業を行い、中級クラスでは論理学の授業を行い、上級クラスではエンチクロペディーの自然哲学と精神哲学の授業を行っている。中級クラスでの論理学の断片的な原稿と、上級クラスでのエンチクロペディーの個々の学問の体系への筆記録が残されている。

一八一一年には、ヘーゲルは初級クラスでは法論・義務論・宗教論の授業を行い、中級クラスでは哲学入門と宗教論の授業を行い、上級クラスでは哲学的エンチクロペディーと宗教論の授業を行っている。エンチクロペディーでは論理学と個々の学問が扱われ、宗教論では神の存在証明と、神の存在証明に対するカントの批判が取り上げられている。中級・上級クラスの宗教論では神の概念について、精神的宗教についての原稿が残されている。中級クラスでは論理学の筆記録があり、上級クラスの哲学的エンチクロペディーでは主観的論理学の筆記録、個々の学問の体系についての筆記録がある。中級クラスでの哲学入門の心理学と中級・上級クラスでの宗教論については、授業を受けていた生徒マイネルの筆記録が伝えられている。

一八一二年には、ヘーゲルは初級クラスでは法論・義務論・宗教論の授業を行い、中級クラスでは哲学入門の授業を行い、上級クラスでは哲学的エンチクロペディーと宗教論の授業を行っている。哲学入門では論理学を扱い、エンチクロペディーでは自然哲学を扱っていた。中級クラスの哲学入門では論理学の筆記録があり、上級クラスの哲学的エンチクロペディーでは主観的論理学の筆記録、個々の学問の体系についての筆記録がある。中級・上級クラスの宗教論については、マイネルの筆記録があり、上級クラスの哲学的エンチクロペディーには、マイネルとアベックの筆記録、上級クラスの宗教論には、アベックの筆記録がそれぞれ伝えられている。

一八一三年には、ヘーゲルは初級クラスでは法論・義務論・宗教論の授業を行い、中級クラスでは哲学入門と宗教論の授業を行い、上級クラスでは哲学的エンチクロペディーと宗教論の授業を行っている。エンチクロペディーでは哲学の全体を概観したうえで個々の学問を扱い、哲学入門では精神現象論の意識を扱い、精神論で心理学を扱っていた。

一八一四年には、ヘーゲルは初級クラスでは法論・義務論・宗教論の授業を行い、中級クラスでは哲学入門と宗教論の授業を行い、上級クラスでは哲学的エンチクロペディーの授業を行っている。哲学入門では論理学の三部門を扱い、エンチクロペディーでは美学を中心に精神哲学を扱っていた。中級クラスの哲学入門には論理学の筆記録があり、上級クラスの哲学的エンチクロペディーには主観的論理学の筆記録、個々の学問の体系についての筆記録がある。中級クラスの論理学についてはツィンマーマンの速記録が伝えられている。

一八一五年には、ヘーゲルは初級クラスでは法論の授業を行い、中級クラスでは哲学入門と宗教論の授業を行い、上級クラスでは哲学的エンチクロペディーと宗教論の授業を行っている。宗教論ではキリスト教の信仰論を扱っていた。上級クラスの哲学的エンチクロペディーでは個々の学問の体系についての筆記録がある。中級クラスの心理学については、ツィンマーマンの速記録が伝えられている。

4　教育行政

ギムナジウムでのヘーゲルの講義録や生徒たちの筆記録とは別に、初級クラスの法・道徳・宗教論、中級クラスの哲学入門の心理学、哲学入門の解説、メモなどが伝えられている。また、ギムナジウムの校長として、前校長への送別のことばや、終業式や卒業式での式辞なども残されている。さらにこの時期には、ヘーゲルは哲学や論理学ばかりではなく、数学や心理学の授業も担当していたので、算数・幾何学・数学・心理学についての断片も伝えられており、また、アリストテレス『霊魂論』の翻訳断片もある。

ヘーゲルが校長を務めていたニュルンベルクのギムナジウムは、一八〇八年にニートハンマーの教育改革案にもとづいて、一五二六年に創設されたプロテスタント系のエギディエン・ギムナジウムと他の学校を統合した新しいギムナジウムであった。だが、一八〇九年には、ニートハンマーの教育改革案に対してカトリック側からの巻き返しがあり、一八一〇年には、教師たちがカトリック側に接近していくなかで、プロテスタント系の学者への迫害も強まったために、そこから離れていく者も現れてきた。そのようななかで、生徒を教会へ引率したり軍事訓練を行ったりしなければならなくなり、バイエルンでのこうした狂信的な行為を憤ったヘーゲルは、礼拝の義務づけに反対する報告書を提出している。

一八一一年、ニートハンマーはバイエルン国王に建白書を提出して、プロテスタントに敵対する者を更迭するのに成功する。カトリック勢力の巻き返しを押さえたところで、一八一三年、ニートハンマーはヘーゲルにエアランゲン大学への招聘の話をもちかけるが、ヘーゲルは年俸が低いのでその話は受け入れられないと断っている。ところが、一八一五年には、ニートハンマーによる大学の改革計画が通れば、自分を推薦してほしいと頼み込んでいるが、エアランゲン大学の発展改組の計画が挫折し、ヘーゲルの希望も断たれることになる。

一八一六年、ニートハンマーの反対も空しく、プロテスタントの学校制度を台無しにするカリキュラムが教育委員会を通ってしまう。それに対してニートハンマーは、あわてて国王に建白書を提出するものの、今度は逆に、国王の不興を買って斥けられることになる。

このような状況のもと、ヘーゲルが学校制度の改悪を心配していると、ハイデルベルク大学副学長のダウプからヘーゲルに、フリースの後任として招聘したいとの連絡が来る。ヘーゲルは、俸給などの条件さえ整えばハイデルベルク大学教授への招聘に応じるとの返事をしている。

一八一六年八月十九日、バーデン大公よりヘーゲルに対し、ハイデルベルク大学教授の辞令が交付される一方で、その六日後の同年八月二十五日、バイエルン王よりエアランゲン大学教授で哲学部長の職に任命されてしまう。ヘーゲルは、ハイデルベルク大学の教授職になりながら、同時に、エアランゲン大学の教授にもなってしまった。ハイデルベルク大学への転任を希望したヘーゲルは、そこで、ニュルンベルク市にこの間の事情を説明して、エアランゲン大学に正式に断りの返事を送ることにする。

このようにしてヘーゲルは、一八〇八年から一八一六年までの八年間のあいだギムナジウムの校長を務め、一八一六年十月、ニュルンベルク市にギムナジウム校長職の辞職願を提出し、ようやくハイデルベルク大学の哲学教授となる。

推薦図書

・ヘーゲル『哲学入門』武市健人訳（岩波書店、一九五二年）。

ヘーゲルによる哲学入門であり、哲学概論である。内容は法論、義務論、宗教論から始まり、精神現象論、論理学、概念論を経て、哲学的エンチクロペディーにいたる。難解な翻訳が多いとされるヘーゲルの著作のなかで、もっとも難解な翻訳の一つである。

・海老澤善一訳編『ヘーゲルの「ギムナジウム論理学」』（梓出版社、一九八六年）。

一八〇八年から一八一一年までの、ニュルンベルクのギムナジウムでの六編の論理学講義。ヘーゲルのギムナジウムでの授業のうち、初級・中級・上級クラスのための論理学、意識論、精神論、法論、道徳論、宗教論、エンチクロペディーなどの講義録の翻訳が収録されている。

・上妻精編訳『ヘーゲル教育論集』（国文社、一九八八年）。

一八〇九年から一八一六年までの、ギムナジウム校長時代の式辞・報告書・信書を収める。ヘーゲルがギムナジウムの校長を務めていたときの式辞や報告書、ニュルンベルク市総務委員会やバイエルン王国内務省への報告書、意見書、公立学校を設置するための基準などが収録されている。給与の遅配などに悩ませられながらも職務をまっとうしていたヘーゲルの教育行政を再現する資料であり、当時の教育改革の文書も訳出されている。

第6章　論理学（一八一二年～一八一六年）

1　論理学の成立

一八一二年二月五日、ヘーゲルは恩師ともいうべきニートハンマーに手紙を送り、新著の『論理学』が完成に向けて順調に進んでいると伝えている。すでに印刷は九枚分刷り上がり、復活祭前にあと二十枚印刷される予定であった。だが、これでもやっと『論理学』全三冊のうちの第一冊にすぎなかった。しかも、そこには通常の論理学で扱われていることは何も書かれておらず、伝統的な意味での形而上学、あるいは存在論とでもいうべきものが扱われていた。

一八一二年三月二十二日、ヘーゲルは、『論理学』第一巻第一冊「存在論」への序文を書き上げると、翌々日の三月二十四日、ふたたびニートハンマーに手紙を送り、復活祭には刊行される予定であると告げている。四月下旬になってようやく『論理学』第一巻第一冊「存在論」がニュルンベルクのシュラーク書店から刊行される。

一八一二年十二月十八日、ヘーゲルは、オランダのファン・ゲールトに手紙を送り、『論理学』第一巻第二冊「本質論」の印刷が完了し、まもなく見本を送れるだろうと伝えている。予定どおりに一八一三年はじめ、『論理学』第一巻第二冊「本質論」がシュラーク書店から刊行される。同年五月二十一日、ヘーゲルはあらためてニートハンマーに手紙を送り、第二冊を献呈するよう書店に頼んだと伝えている。

一八一六年七月十二日、ヘーゲルはまたもやニートハンマーに手紙を送り、『論理学』の最後の一枚がこの日印刷に回されたと伝えている。そして七月二十一日、『論理学』第二巻「概念論」の序文を書き上げると、十月六日、シュラーク書店に手紙を送って、『論理学』第二巻の献本先について、ヤコービ、ニートハンマー、フロムマン、ファン・ゲールトあてに、各一部ずつ送るように指示している。

以上のように、ヘーゲルの『論理学』は、まずは一八一二年に第一巻第一冊「存在論」が刊行され、つづいて一八一三年に第一巻第二冊「本質論」が刊行され、そして一八一六年に第二巻「概念論」が刊行されて、『論理学』の全体が完成するにいたる。

その後、一八三一年にヘーゲルは『論理学』の改訂に取りかかり、亡くなる直前にあたる一八三一年十一月七日、第一巻の第二版の序文を完成している。

2　論理学の構成

では、ヘーゲルの『論理学』は、全体として見ると、どのような構成をしているのだろうか。論理学の構成については、『ヘーゲル事典』の「論理学」の項目で上妻精がうまく説明している。

それによると、論理学の全体は、概念が運動するさまざまな段階に応じて、大きく二つに分けられる。一つは「客観的論理学」であり、もう一つは「主観的論理学」である。さらに、客観的論理学は、存在としての概念を扱う「存在論」と、本質としての概念を扱う「本質論」に分けられる。これに対して主観的論理学は、概念としての概念を取り扱う「概念論」にあたる。つぎに、各部門を一つずつ確認しておこう。

まず、存在論は、質のカテゴリー、量のカテゴリー、そして、質と量を足した度量のカテゴリーを扱う。質のカテゴリーの冒頭において、ヘーゲルの弁証法としてとくに有名な、存在・無・生成の三つからなる弁証法が展開される。また、量のカテゴリーでは、微分と積分から導き出された無限概念が、フィヒテ哲学のような終わりのないニセの無限に対して、「本物の無限」として対比されている。

つぎに、本質論は、媒介の論理である反省を主題化し、事象を外から観察するのではなく、事象そのものの運動によって自分の内部で反転して自分のところに戻ってくることを示す。これが反省と呼ばれたり、あるいは反射とか反照とか呼ばれているものである。このとき、直接的な存在と考えられていたものも、本質に依存するものであることが明らかになり、仮象として理解される。

存在のカテゴリーはそのつど他のものに移行したように、同一と区別に始まって矛盾や根拠にいたる反省のさまざまな規定も、同一律・排中律・矛盾律・根拠律など、伝統的な論理学のこうした思弁的解釈を通して、自分と他者との関係の内的な連関をあらわにしていく。そうしてこの関連は、現象と物そのもの、全体と部分、実体と因果と交互などのように、本質の規定を貫いていく。

そして、概念論は、存在論と本質論の統一であるから、いろいろな規定を展開しながらもその根底にあって自己同一を保ちつづける実体の基本構造と、知識や意識のようにたえず自己の外へとかかわりながら自己へと戻ってくる主体の基本構造を合わせもっている。

これによって、自己を思考する自己関係が概念として構成されて登場してくる。さらにこの概念は、普遍と特殊と個別という三つの契機をたどることになる。三つの契機はいずれも一つの概念の主観的な側面ではあるが、この展開を通して、三つの契機からなる主観的な側面が、同時に客観的な世界の根本構造としても示される。そこで、客観として機械的連関、化学的連関、目的論が論じられるにいたる。

このようにして、主観的な構造と客観的な構造が統一するところで、完全な形式を備えた理念が成立する。以上がヘーゲル論理学の全体構造である。では、存在論、本質論、概念論をそれぞれ見ていこう。

3　論理学の内容

一　存在論

まず、存在とは何か。それはそもそも、規定されることもなく媒介されることもない、それ以前の直接的なあり方である。

『ヘーゲル事典』の「存在」の項目なかで四日谷敬子が指摘しているように、ヘーゲルは『精神現象学』の終わりに達する絶対知から、論理学の始まりである存在への転換について、つぎのように述べている。「存在において、意識自身は確信し、自己意識が自分自身を学問の境地と実体へと形成した。

この点において、自己意識がとくに自己を反省するのは余計なことである。……普遍的な自己意識と個別的な自己意識は統一しており、統一した知識にとっては、まさにこの自らの境地と本質そのものが、自らの学問の対象であり内容である。それゆえ、この境地は対象的な仕方で言表されなければならない。こうして対象は存在である」。

これと同じことを、ヘーゲルは『論理学』のなかでも、つぎのように語っている。「純粋な知識は、このような統一へ達したのであるから、他者への関係を、そして媒介へのすべての関係を克服している。それは区別のないものである。こうして、この区別のないものはそれ自身で、知であることをやめている。したがって、たんに単純な直接態が存在している」。

こうした直接的なあり方をあえて反省して表現すると、それは純粋な存在となる。すなわち、純粋な存在とは、根底に反省をもちながらも、それがことさらには主題化されてはいない論理だということである。「存在の領域では、概念そのものが自己を規定する作用は、かろうじて潜在的にそうであるにすぎない」。その意味で、存在の論理は、たんに潜在的に存在する概念を主題としているといえる。

二　本質論

それに対して本質は、存在を顕在化させて、三つの段階で叙述される。まずは、鏡に映っているように自分のうちで映現して仮象となり、つぎに、現実の姿をとって現象して自己を設定して開示する。そして本質は、変化する有限な事物を通して自己に関係する存在となる。これもひとえに絶対的なものの否定的な運動によっているが、このとき絶対的なものは、直接的な存在から出発して、現実の姿をとって現象し、内面的な自己へと戻ったものとして理解されている。

このことを『ヘーゲル事典』の「本質」の項目で山口誠一がわかりやすい例を挙げて説明している。たとえば、人間の直接的なあり方には、女性であるとか男性であるとか、子どもであるとか大人であるとか、さまざまな区別がある。そして、同じ女性であっても、子どもから大人へと変化していく。しかし、女性であろうと男性であろうと、子どもであろうと大人であろうと、人間は直立歩行する動物であるとか、理性的な動物であるとか、本質においてはすべて同一であるといえる。

そうであれば、こうした区別は、その多様さゆえに統一されていないので、それらを媒介することで、人間の本質がさまざまな区別を総合する内面的なものとなる。そうして内面的なものは、いったんは現象して現実のものとなるが、このような有限な存在の本質を生み出す源として、絶対的なものとなる。

絶対的なものは、最初は存在として規定されていたが、ここでは本質として規定されている。本質とは自分自身の否定であって、つまり、存在の無限な運動によって生成するものであり、存在が自分のうちへ完全に帰ってくることである。したがって、「本質の否定は反省である」といえる。このように本質は、自己自身にかかわる否定を通して自己を自己へと媒介し、他者へ関係することによって自己自身へかかわるのである。

しかしそうはいっても、本質の段階ではまだ、絶対的なものの自己の内実である概念が明らかにされてはいない。

三　概念論

そこで概念は、普遍的なものではあるが、それは同時に個別が備えているのと同じような「自分自身との否定的な統一」でもある。こうした文脈で、普遍・特殊・個別という概念の契機が区別される。しかも、それらの区別が設定されながらも不可分なものとしてある。

『ヘーゲル事典』の「普遍」の項目で山田忠彰が説明しているように、それらはまずは、絶対的なものそれ自身から出発する媒介運動の契機であるから、自分を区別しながらも自己同一である弁証法的活動としての概念の三契機として現れる。

概念の三契機とは、第一に、無規定としての普遍、第二に、その否定である規定すなわち特殊、第三に、それとの統一としての個別である。そしてここに、中間項である特殊を媒介として、普遍と個別を統一した具体的な普遍が誕生する。

これもまた、自己の規定を貫通していく主体の働きによっているが、このようにして概念の領域では、普遍・特殊・個別という、三項からなる媒介関係が体系的に示される。以上がヘーゲルの論理学の内容である。

推薦図書

・ヘーゲル『大論理学』(1・2・3)寺沢恒信訳(以文社、一九七七年、一九八三年、一九九九年)。一八一二年の初版・存在論、一八一三年の本質論、一八一六年の概念論の訳。ヘーゲル『論理学』の全訳であり、ヘーゲル論理学の成立史研究に生涯を捧げた訳者による画期的訳業である。明快な訳文と綿密な校訂にもとづく注解と付論からなり、ヘーゲル論理学の理解への道をひらく。

・ヘーゲル『論理の学』(1・2・3)山口祐弘訳(作品社、二〇一二年、二〇一三年、二〇一三年)。ヘーゲル『論理学』の新訳である。存在から本質を、本質から概念を導くことで純粋な学問としての形而上学体系を確立した、近代哲学の最高峰を今日的な日本語で提示する。丁寧で正確な翻訳だが、代名詞が多くて読みづらいのが残念。

第7章　エンチクロペディー（一八一七年〜一八三〇年）

1　「一般教育」としてのエンチクロペディー

ドイツ語の「エンチクロペディー」とは、今日では一般的に、「百科事典」や「百科全書」を意味するが、『ヘーゲル事典』にある星敏雄の解説によれば、もともとは古代ギリシア語に由来し、哲学者イソクラテスでは「知の環」を意味していたという。ここから、「一般教育」または「一般教養」という意味になり、フランスの人文学者で古典学者でもあるビュデ（ブダエウス）が、「エンサイクロペディア」という語を使用し始めたのだという。

ビュデは、フランス国王の文化政策の顧問として、十六世紀に、今日のコレージュ・ド・フランス（フランスの高等教育機関）の母体であるコレージュ・ロワイヤル（王立教授団）を設立している。それ以来、各種の百科全書の系譜があって、デカルトやライプニッツの普遍学の構想もこれに連なっている。そして、十八世紀になって、ディドロ、ダランベールなどのフランス百科全書派を形成していく。

ヘーゲルと同じ時代では、ゲッティンゲン大学の哲学教授ゴットロープ・エルンスト・シュルツェが、講義用の教科書として『哲学的諸学のエンチクロペディー』という著作を一八一四年に出していて、ラインホルト、フリードリヒ・シュレーゲル、シュライアーマハーらも、エンチクロペディーの講義をしたり著作を出したりしている。ヘーゲル自身は、すでに一八〇三年のイエナ大学の講義で、教科書『哲学的諸学のエンチクロペディー綱要』（いわゆる『エンチクロペディー』）の刊行を予告していたし、一八〇七年には、『学問の体系』の第一部にあたる『精神現象学』を公刊して、第二部として『エンチクロペディー』に相当する内容の著作を予告してもいた。

ニュルンベルクのギムナジウム校長時代に、ニートハンマーによる教育改革として『バイエルン王国の公立学校を設置するための基準』（一八〇八年）が公布されると、制度上、「哲学のエンチクロペディー」の講義をするように求められ、一八〇八年冬学期から、ヘーゲルは「エンチクロペディー」の講義をしている。ギムナジウムや大学での授業では、生徒や学生に対し、学習の手引きを与えるという外的な理由もあった。

哲学のエンチクロペディーは、テーゼの連続であり、その展開は講義で行われ、これによって体系の全体を叙述することになっていた。エンチクロペディーは、学問のすべての領域を守備範囲にして、それを対象として考察するものであり、学問のさまざまな領域を哲学の原理から論じていくものである。ヘーゲルのエンチクロペディーは、こうした学問的な課題を負っていた。

日本では、西周が「エンサイクロペディア」を「百学連環」と翻訳したのは有名だが、これも「百科全書」の系譜につながっているといえる。もともとは、子どもを「学問の輪」のなかに入れて教育するという意味であったが、西の授業内容は、さまざまな学問分野の概要を連続して講義するものであったから、今日でいえば、「一般教育」に相当するものである。

2 ギムナジウムでのエンチクロペディーの授業

ヘーゲルのニュルンベルク時代については、幸津國生の文献学的な発展史研究に詳しい。かなり専門的で高度な研究だが、イエナ大学からニュルンベルクのギムナジウムにかけてのヘーゲルの後期の体系構想を再構成することができる。また、ニュルンベルクのギムナジウムでのエンチクロペディーの授業から、のちにハイデルベルク大学での教科書として出版される『哲学的諸学のエンチクロペディー綱要』の構想も見えてくる。

一八〇八年、ヘーゲルは、ギムナジウムで最初のエンチクロペディーの講義を行っている。このとき、イエナ時代に書かれた『精神現象学』（一八〇七年）に続くものとして、論理学の講義も始まる。論理学は、存在論・主観論・理念論の三つに分けられているが、存在論は、本質と現実を扱い、客観的論理学と呼ばれている。それに対して、主観論は、概念・判断・推論からなり、理念論はそれだけで独立している。ここで注目すべきは、意識論に心理学が続いているという点である。これは、『精神現象学』に心理学が接続することを示しており、『精神現象学』の構成を反映している。ただし、授業のなかでは、意識論は中断して論理学へと移行している。

一八〇九年、ヘーゲルは、ギムナジウムで論理学と自然哲学を含むエンチクロペディーの講義を行っている。ここでは、理念論が主観的論理学に統合され、推論が形式論・目的論・過程の三つに区分されている。

一八一〇年、ヘーゲルは、体系全体の順序に従って、エンチクロペディーの講義を行っている。ここではじめて精神論が取り扱われているが、精神哲学は、まずは、精神の概念である心理学であり、つぎに、精神の現実である国家学と歴史学となり、そして、精神の完成態である芸術・宗教・学問へと展開していく。

一八一一年、ヘーゲルは、論理学・自然哲学・精神哲学の三部門からなる体系的な講義を行う。そのさい、意識論が精神現象学と呼ばれ、心理学が本来の精神論となっている。そのうえで、国家学や歴史学とともに、法と道徳が扱われる。

一八一二年、大著『論理学』の第一巻第一分冊にあたる「存在論」が出版される。このときヘーゲルは、ニートハンマーに「哲学的エンチクロペディー」について報告している。それによると、主観的論理学は主観・客観・理念の三つに区分され、客観的論理学は機械的連関・化学的連関・目的の三つに区分される。また、精神哲学は、第一に導入部としての現象学、第二に精神の概念としての心理学、第三に精神の現実としての法学・国家学・歴史学、第四に精神の完成態としての芸術・宗教・哲学、というように四つに区分される。

以上のように、ニュルンベルクでギムナジウムの校長を務めていた一八一六年までに、のちにハイデルベルク大学で講義用の教科書となる、『エンチクロペディー』（一八一七年）の体系が構想されていく。

なお、ヘーゲルの著作『エンチクロペディー』とは、『哲学的諸学のエンチクロペディー綱要――講義用』の略称であり、一八一七年に第一版、一八二七年に第二版、一八三〇年に第三版が出版されている。第一版は、ハイデルベルク時代に出版されたので、『ハイデルベルク・エンチクロペディー』とも呼ばれる。第二版と第三版は、ベルリン時代に出版されたもので、第二版は第一版の二倍の分量があり、第三版は第二版とほぼ同量である。もともとは講義用の教科書であったが、ヘーゲルの哲学体系の全体を扱った著作がこれ以外にないため、ヘーゲル学派の基本テキストとして扱われ、ヘーゲルの主著という位置づけがなされてきた。

また、ヘーゲルの著作『エンチクロペディー』は、のちに最初の全集であるベルリン版『ヘーゲル全集』に収録されたとき、ヘーゲル学派に属する編者によってヘーゲルの講義を聞いていた学生たちの筆記録が「補遺」として付け加えられたために、量的に増大して三巻本となってしまった。したがって、編者の手が入っているベルリン版『ヘーゲル全集』のなかの『エンチクロペディー』や、それにもとづくズーアカンプ版『ヘーゲル全集』のなかの『エンチクロペディー』を、ヘーゲルの著作とみなしてよいのかは疑問である。

今日では、講義録や筆記録の資料も出そろっており、諸版の異同や補遺の性質を考慮に入れた成立史研究も行われるようになった。一般的にいっても、ヘーゲルが自分で書いたものと、ヘーゲルの講義を聞いていた学生が書いたものとは、区別して扱う必要があるだろう。

ヘーゲルの著作の成立史を振り返ってみると、『エンチクロペディー』の全体は、論理学・自然哲学・精神哲学の三部構成でできており、論理学が著作の『論理学』に対応し、『法の哲学』は精神哲学の客観精神に対応しているといえる。歴史哲学・美学・宗教哲学・哲学史は、それぞれ、精神哲学のなかの世界史・芸術・啓示宗教・哲学の展開である。では、つづいて、大学でのエンチクロペディーの授業を見ていこう。

3　大学でのエンチクロペディーの授業

一八一六年十月、ヘーゲルは、ニュルンベルクのギムナジウムからハイデルベルク大学へ移り、講義を始める。科目名は「哲学的諸学のエンチクロペディー」と「哲学史」であった。最初の学期であったため、受講者が思っていたよりも少なく、ヘーゲルはがっかりしている。

一八一七年夏学期、ヘーゲルは講義題目を、近刊予定の『哲学的諸学のエンチクロペディー』を使った「論理学と形而上学」および「人間学と心理学」として掲げ、週に十六時間もの講義を行っている。二度目の学期であり、それなりの受講者もいて、学生たちが哲学に関心をもっていることを知る。一八一七年六月、『哲学的諸学のエンチクロペディー綱要』（いわゆる『エンチクロペディー』）の第一版が、ハイデルベルクのオスヴァルト書店から刊行される。一八一八年夏学期、ヘーゲルはこの本を教科書にして、「哲学体系総論」と「美学」の講義をしている。

しかし一八一八年九月には、ヘーゲルはハイデルベルク大学からベルリン大学へ移っていく。ハイデルベルク大学は、一三八六年に創立されたドイツ最古の名門大学であったが、待遇が悪かったので二年で辞めてしまい、その後、破格の待遇で迎えてくれた、新設のベルリン大学へと移っていく。ベルリン大学は、一八〇九年にプロイセン国王の勅令によりフンボルトが設立した大学であるが、初代の学長は哲学者のフィヒテであり、大学の自治制度を実現した近代の大学のモデルとされた。ヘーゲルは、フィヒテの後任として、新制の総合大学であるベルリン大学へと移って、フンボルト流の近代的な大学の理念を背負って授業を開始する。

一八一八年冬学期、ヘーゲルは「自然法と国家学」および「哲学的諸学のエンチクロペディー」でもって、ベルリン大学での最初の講義を開始する。一八一九年夏学期、ヘーゲルはハイデルベルク大学で使っていた教科書『エンチクロペディー』を用いて、「論理学と形而上学」および「哲学史」の講義を行い、一八一九年冬学期、「自然哲学」および「自然法と国家学または法の哲学」の講義を行う。

一八二〇年夏学期、ヘーゲルは『エンチクロペディー』を使って、「論理学と形而上学」および「人間学と心理学」の講義を行い、一八二〇年冬学期、「哲学史」および「美学または芸術哲学」の講義を行っている。

一八二一年、『哲学的諸学のエンチクロペディー綱要』（通称『エンチクロペディー』）に続くもう一つの講義用の教科書として、『法哲学綱要』（通称『法の哲学』）がベルリンのニコライ書店から刊行される。ここでいう「綱要」とは、基本となる重要な点を述べたもので、講義用の教科書の書名として用いられている。ひっくり返して「要綱」と呼ばれることもあるが、肝心な点のみを記載して、内容の詳細は授業のなかで口頭で説明されることになっていた。

一八二一年夏学期、ヘーゲルは「宗教哲学」および「論理学と形而上学」の講義を行い、一八二一年冬学期には、『エンチクロペディー』を使って、「合理的自然学または自然哲学」の講義を行い、『法の哲学』を使って、「自然法と国家学または法の哲学」の講義を行う。ここにいたって教科書を使って講義をするという授業スタイルが確立する。

一八二二年夏学期、ヘーゲルは『エンチクロペディー』を使って、「人間学と心理学」および「論理学と形而上学」の講義を行い、一八二二年冬学期、「世界史の哲学」の講義をはじめて行い、教科書を使って「自然法と国家学または法の哲学」の講義を行っている。

一八二三年夏学期、ヘーゲルは『エンチクロペディー』を使って、「論理学と形而上学」および「美学または芸術哲学」の講義を行い、一八二三年冬学期、『エンチクロペディー』を使って、「自然哲学または合理的自然学」および「哲学史」の講義を行う。

一八二四年夏学期、ヘーゲルは「宗教哲学」および「論理学と形而上学」の講義を行い、一八二四年冬学期、「自然法と国家学または法の哲学」および「世界史の哲学」の講義を行う。

一八二五年夏学期、ヘーゲルは「論理学と形而上学」および「人間学と心理学または精神哲学」の講義を行い、一八二五年冬学期、『エンチクロペディー』を使って、「哲学史」および「自然哲学または合理的自然学」の講義を行う。

一八二六年夏学期、ヘーゲルは「論理学と形而上学」および「美学または芸術哲学」の講義を行い、一八二六年冬学期、「哲学的諸学のエンチクロペディー」および「世界史の哲学」の講義を行う。

一八二七年夏学期、ヘーゲルは「論理学と形而上学」および「宗教哲学」の講義を行うが、一八二七年六月、講義に使っていた教科書『エンチクロペディー』の第一版が品切れとなったため、『エンチクロペディー』の第二版が、第一版と同じハイデルベルクのオスヴァルト書店より出版される。

一八二七年冬学期、ヘーゲルは「哲学史」および「心理学と人間学」の講義を行う。

一八二八年夏学期、ヘーゲルは『エンチクロペディー』第二版を使って、「論理学と形而上学」および「自然哲学または合理的自然学」の講義を行い、一八二八年冬学期、「美学または芸術哲学」と「世界史の哲学」の講義を行う。

一八二九年夏学期、ヘーゲルは『エンチクロペディー』第二版を使って、「論理学と形而上学」および「神の存在証明について」の講義を行う。一八二九年冬学期、『エンチクロペディー』第二版を使って、「心理学と人間学または精神哲学」および「哲学史」の講義を行う。

一八三〇年夏学期、ヘーゲルは、近刊の教科書『エンチクロペディー』第三版の第一部を使って、「論理学と形而上学」の講義を行い、『エンチクロペディー』第三版の第二部を使って、「自然哲学または合理的自然学」の講義を行う。一八三〇年一〇月、ヘーゲルの教科書『エンチクロペディー』第三版が完成する。一八三〇年冬学期、ヘーゲルは、「自然法と国家法または法の哲学」および「世界史の哲学」の講義を行う。

一八三一年夏学期、ヘーゲルは、『エンチクロペディー』第三版を使って、「論理学」と「宗教哲学」の講義を行い、一八三一年冬学期、教科書を使った「自然法と国家法」および「哲学史」の講義を告示し、十一月十日、実際に講義を開始する。しかし、その三日後の十一月十三日には急に体調を崩して、その翌日の十一月十四日には亡くなっている。

推薦図書

・ヘーゲル『ハイデルベルク論理学講義――『エンチクロペディー』「論理学」初版とその講義録』黒崎剛監訳（ミネルヴァ書房、二〇一七年）。
『エンチクロペディー』（第一版）の第一部である「論理学」の翻訳であり、講義録も収録している。一八一七年にハイデルベルクで刊行された『エンチクロペディー』は、ヘーゲルが自らの哲学体系を公にした最初の著書であった。その第一部である論理学とハイデルベルク大学での論理学講義の筆記録をあわせて掲載し、後期ヘーゲルの哲学思想の核心を提示する。
・ヘーゲル『哲学の集大成・要綱（第一部）論理学』長谷川宏訳（作品社、二〇〇二年）。

ヘーゲル哲学の集大成であり、『エンチクロペディー』または『哲学の体系』と呼ばれる著作全体の翻訳である。もとは講義用の「便覧」であったが、ヘーゲル哲学の体系全般を扱った著作がほかになかったため、さまざまな筆記録から「注解」が付けられ、ヘーゲル自身の口頭説明も収められて、ヘーゲル学派の「聖典」とされた。全体は、第一部「論理学」、第二部「自然哲学」、第三部「精神哲学」の三部からなり、その第一部の翻訳である。

・ヘーゲル『哲学の集大成・要綱（第二部）自然哲学』長谷川宏訳（作品社、二〇〇五年）。

自然の必然からの解放をめざして、力学・物理学・有機体、三つの区分で世界の全体を概念的にとらえる。無機的な自然から生命が登場し、自然の死と精神の成立にいたる過程を体系的に描く第二部「自然哲学」の翻訳である。第一部の「論理学」から第三部の「精神哲学」へいたる哲学体系の中核部にあたる。

・ヘーゲル『哲学の集大成・要綱（第三部）精神哲学』長谷川宏訳（作品社、二〇〇六年）。

『エンチクロペディー』の第三部の翻訳である。内容的には、『精神現象学』と『法の哲学』の要約が含まれ、ヘーゲルの死後に出版される『歴史哲学』『美学』『宗教哲学』『哲学史』などの講義録の要点が収録された、ヘーゲルの壮大な哲学体系のもっとも重要な部分の翻訳である。読みやすい新訳でヘーゲル哲学の全貌をよみがえらせる。

第8章　法の哲学（一八二一年）

1　講義のなかの『法の哲学』

まずは、ヘーゲルが大学の授業で行った講義を確認しておこう。

一八一八年、ヘーゲルはハイデルベルク大学からベルリン大学へ移り、一八一八年の冬学期に、「自然法と国家学」および「哲学的諸学のエンチクロペディー」の講義を行っている。翌年の一八一九年冬学期には、「自然哲学」および「自然法と国家学または法の哲学」の講義を行っている。そして一八二一年になって、「自然法と国家学または法の哲学」の講義のための教科書として、『法哲学綱要』（通称『法の哲学』）がベルリンのニコライ書店から刊行されるにいたる。

一八二一年冬学期、ヘーゲルは、一方で、『エンチクロペディー』を教科書にして「合理的自然学または自然哲学」の講義を行い、他方で、『法の哲学』を教科書にして「自然法と国家学または法の哲学」の講義を行う。一八二二年冬学期、ヘーゲルは「世界史の哲学」をはじめて講義し、教科書『法の哲学』にもとづいて、「自然法と国家学または法の哲学」を講義する。

一八二四年冬学期、ヘーゲルは「自然法と国家学または法の哲学」および「世界史の哲学」を講義し、しばらく空いて、一八三〇年冬学期、「自然法と国家法または法の哲学」および「世界史の哲学の第一部」を講義する。一八三一年冬学期、ヘーゲルは、教科書を使って「自然法と国家法」および「哲学史」を講義すると告示して、十一月十日に実際に講義を始めているが、十一月十三日に体調を崩して、翌日の十一月十四日に亡くなっている。

2　体系のなかの『法の哲学』

つぎに、ヘーゲルの哲学体系のなかで『法の哲学』の位置を確認しておこう。

ヘーゲルは、初期の論文『ドイツ国制論』では宗教と国家との分離を許容するが、『自然法論文』と『人倫の体系』では、宗教と国家を人倫という基本概念に引き戻して統一しようとする。イエナ時代の『自然法講義』では、自由な民族のもとで「新しい宗教」を構想して、人倫的な共同体を基本方針として定着させる。

そして、後年の哲学体系のなかでは、国家は客観的な精神へ、宗教は絶対的な精神へと振り分けることになり、ベルリン時代の『法の哲学』(一八二一年)では、宗教と国家が内容上は同一であるにしても、政教分離を強調するにいたる。そのうえで、教会と国家との協力と結合を説き、とりわけ、『エンチクロペディー』第二版(一八二七年)では、プロテスタント教会のみが理性国家を導くことができるという。それ以前にはむしろ、二つの宗派が対等であると認められているわけではないものの、ヨーゼフ二世による寛容令や、とりわけフリードリヒ大王とナポレオンの宗教上の寛容政策によって、宗派間の問題は緩和され、どちらかの宗派が優遇されることはなかった。

したがって、ここで国家と宗教との関係が転換するように見えるにしても、また、宗教と国家との結合と分離のいずれかに重点が置かれるにしても、ドイツを国家として再統一するというヘーゲルの目標そのものに揺らぎはなく、国家という全体的なものへの欲求に変化も後退も認められない。ヘーゲルの『法の哲学』は、このような首尾一貫した体系構想のなかで整合的に理解される。

3 『法の哲学』とは何か

『法の哲学』は、序文に述べられているように、『エンチクロペディー』の第三巻「精神哲学」のなかの第二部である「客観的精神」をより詳しく体系的に論じたものである。『法の哲学』のなかの構成は、第一部「法律」、第二部「道徳」、第三部「人倫」となっている。

ドイツ語の「法」(Recht) とは、『ヘーゲル事典』のなかで高柳良治が指摘しているように、法・権利・正義という三つの意味をもっていて、日本語の「法律」に比べると、はるかに広い内容をもっている。ヘーゲルも『法の哲学』のなかで、法・権利・正義という三つの意味を生かしている。

したがって、法の哲学とは、立場によっては、権利の哲学となったり、義務の哲学となったりする。法は、市民社会における法律であるばかりか、個人の道徳であったり、集団や組織の習俗や伝統であったりもするわけである。ヘーゲル自身、「私たちが本書において法というとき、通常、法律という語によって理解されている市民法を意味するのみではなく、道徳、人倫および世界史をも意味する」と述べている。

また、『法の哲学』は「自然法と国家学」という副題をもっているが、これは、ヘーゲルの独創によるものではなく、ドイツ哲学の伝統に則した表現であり、大学の講義科目としてもよくある普通の表現である。当時の哲学は、理論哲学と実践哲学に大きく二つに分けられていて、後者の実践哲学には、自然法・政治学・倫理学が含まれていた。このことからも、『法の哲学』は、たんなる法律の理論にとどまるものではなく、社会哲学でもあり、かつ政治哲学であることがわかる。

ヘーゲルによれば、法の地盤は精神的なものであって、その出発点は実践にかかわる自由な意志である。したがって、自由が法の実体をなすのであるから、自由が実現されれば、その完成した姿は「自由の国」となるはずであった。この意味で、ヘーゲルの『法の哲学』は、自由が実現していく段階を、法律・道徳・人倫という三つの段階で叙述していく。

4 法律・道徳・人倫

まずは「法律」から見ていこう。ヘーゲルによれば、法律とは、所有や契約のように、近代の市民社会を基礎づける法的な関係のことであり、一言でいえば、「市民法」を意味している。市民法は、あくまでも抽象的な法であって、そこでは、人間が人権という形式的な担い手として見られるだけで、個人としてもっている個々の特殊性や、法的関係の背後にある共同体の具体的なあり方などは、捨象されている。

ではつぎに、「道徳」とは何だろうか。『ヘーゲル事典』にある南條文雄の説明によれば、ヘーゲルのいう道徳とは、自立した個人を原理とする立場であり、近代的な市民の姿であって、基本的には、カントの道徳論をさしており、それを批判しているのだという。

たしかに、道徳は、形式的な普遍性を法則としている。だが、個人のあいだにはつねに対立が残っているから、必然的に個人の自由が互いに制限されることになる。そうすると、強制的に個人の自由を制限しなければ、共同体を維持することもできない。これによって道徳は、本来の目的に反して、かえって人々に不自由を強いることになる。すなわち、制限された自由とは、実のところは不自由なのである。

したがって、ヘーゲルによれば、カントは道徳によって、人間の倫理的な共同体である人倫を崩壊させたことになる。むしろ、カントのいう道徳とは、人間が行為するときの動機だけを重視した、つまり意志の形式のみを重視した義務なのである。そうであれば、道徳法則に尊敬の念をもって従うときにのみ理性の自由があり、つまり自律があるとされるので、そのような自由から、実践理性の要請が展開されることになったのである。

カントのいう実践理性の要請論は、道徳と幸福の調和、理性と感性の調和、調和を実現するための神の存在という三つの要請からなっている。これらの要請は、道徳的な意識が分裂しているから、二つのものの統一を神によってイメージすることで分裂の事態をすり替え、両者の現実的な統一を不可能にしてしまった。つまり、道徳は、二律背反的な事態を統一して把握することはできず、あたかも解決されたかのように見せかけるだけで偽善に陥ってしまった。これに対して、ヘーゲルの説く人倫は、複数の人間からなる具体的な共同体であるから、カントの道徳がそれを二つに分断してしまったというのである。

そこでヘーゲルは、法律と道徳をあわせもつ「人倫」をもってくる。『ヘーゲル事典』にある藤原保信の説明によれば、ヘーゲルのいう人倫とは、外面的な法律と内面的な道徳を総合したものであり、一言でいえば、「自由」の理念なのである。

ヘーゲルは、近代の啓蒙主義のように、社会制度を人間の内面から切り離された外面的な法の体系として理解するのではなく、むしろ、善の理念が自由な意志を通じて歴史のなかで具体化されるものと考えていた。つまり、個人は、社会のなかで具体化されている善の理念を自らのものとすることによって道徳的になる。それゆえにまた、カントのように客観的な法と主観的な道徳の二つに分けるのではなく、ヘーゲルは、人倫を社会制度という客観的な契機と自己意識という主観的な契機の統一とみなす。

ここで主観的な契機を強調すると、近代の市民社会において解放された個人の主体を重視することになるが、しかし人倫というときには、古代ギリシアのポリスのような共同体へと帰っていく。もともと、人倫ということばは、習俗を意味するギリシア語に由来しているし、ポリスへの憧憬はすでに若いころのヘーゲルにもあった。

しかしここでは、人倫は近代の市民社会に対置されたものとしてではなく、したがって、古代のポリスへの憧れとしてではなく、個人の欲望、欲望を満たすための労働、生産物の私的所有、契約による相互交換というような、新しいシステムを通じて実現されるものと考えられている。それゆえ、市民社会の分裂を克服して近代国家の統一を可能にするものとして、市民ではなく「国民」が人倫の位置を占めるようになる。人倫のこのような位置づけとそれを示す論理が『法の哲学』で繰り返し現れてくる。以上のように、ヘーゲルの人倫は説明されている。

『法の哲学』に見られる法律・道徳・人倫という全体構成は、精神の歩みが、社会制度を人倫の体系へ向けて概念的に把握していく過程を示している。さらに、人倫における家族・市民社会・国家という構成もまた、家族にあった倫理的な一体感が解体しつつ、やがて市民社会を媒介として国家において回復されていく過程を示している。では、人倫の具体的な形態を一つひとつ見ていこう。

5 家族・市民社会・国家

まず、人倫の第一の形態である「家族」を、『ヘーゲル事典』のなかの佐藤和夫の解説を参考にしながら見ていこう。

家族という共同体は、各人がばらばらにあるのではなく、他人とじかに交わり合っている自然な共同体であるといえる。愛情という自然な感情にもとづいて、他者と一体となっている自然なあり方である。一組の男女が愛情から出発して、両者の同意のうえで家族という一つの人格を形成する。

しかし、異性愛であっても、あるいは同性愛であっても、愛にもとづく結びつきであるならば、それはたんに主観的で一時的な恋愛にとどまる。それを法によって社会のなかで客観的に保証し、生活を共有することで財産を共同で運用していくところが家族の特徴である。家族は、自然な一体感を客観的な対象として表現している。それはたとえば、夫婦が一体となってはじめて子どもが生まれてくることにも表れている。子どもは、夫婦の愛情が客観的なかたちをとって現れた姿である。

ヘーゲルは家族をただたんに愛情にもとづく絆によるもとしてとらえるだけではなく、世帯という経済的な共同体としてもとらえる。したがって、家族の形態についても、夫婦を一つの単位として家族を認めるから、核家族が家族の基本となっている。また、そのなかにあっても、親から生まれた子どもは自由な存在であって親の所有物ではない。ヘーゲルは、人と人との人格的な関係を前提としたうえで、人間の基本的な共同を家族のなかに求める。

そこでヘーゲルは、カントのように家族を近代の市民社会の契約に還元することはしない。たとえば、結婚をたんなる契約だとしてしまえば、家族も相互の合意にもとづくかぎりでの他者の経済的な利用になってしまう。そして、経済的なメリットがなくなれば、簡単に契約を解除することもできる。そうではなく、ヘーゲルはむしろ家族を、人間の共同性が確認され表現される基本的な関係として考えている。すなわち、家族は、市民社会が成立し、国家が成立する基盤なのである。

つぎに、人倫の第二の形態である「市民社会」を、『ヘーゲル事典』のなかの滝口清栄の解説を参考にしながら見ていこう。

ヘーゲルの市民社会論が確立するのは、ハイデルベルク大学での「法の哲学」の講義である。市民社会ということばはすでに、講義のための教科書『エンチクロペディー』の第一版（一八一七年）のなかに出てきていた。ヘーゲルの市民社会は、近代社会の成果を集約していて、個人に固有の活動領域を保証しながらも、それを普遍的なものへと形成する課題を背負っている。したがって、一種の教養過程であり、個別的な意識の経験の過程であり、同時に、普遍的な精神の現象の過程でもある。

そして、市民社会の中心となる概念は欲求であり、欲求を満たすための労働である。市民社会こそは、本来の主体的な自由が働く場面である。この意味で、市民社会は国家が成立するための必要な条件であり、国家を前提している。

しかし、市民社会は普遍と特殊が分離した状態であり、人倫の喪失態でもある。そのために、権利の保証にとどまらず、個々人の生計と福祉の保証に関わる「ポリツァイ」（福祉行政）と「コルポラツィオーン」（職業団体）が必要とされる。とくに、自治能力をそなえた職業団体においては、国家との共同作業が必要となる。これによって、市民社会の制度は、国家という理性的なものの現れとなり、公共の福祉の基礎となる。また、市民社会における制度を通してはじめて、国家の統合も可能となる。

だが、現代社会でもそうであるように、市民社会の制度は不備をあらわにすることもある。たとえば、富が集中する一方で、格差は増大し、労働者の貧困は増大している。市民社会では、貧困問題が不可避的に生じてくるが、市民社会を代表する職業団体では貧困問題には対処できない。そこで国家が登場して、個人の安全と保護という市民社会の使命を引き受けることになる。市民社会は、個人に対し、国家からの自由を保証し、国家による自由を準備する。

では、人倫の第三の形態である「国家」を、『ヘーゲル事典』のなかの高柳良治の解説を参考にしながら見ていこう。

国家とは、人倫の理念であり概念である。国家は、人倫の理念が客観化された共同体であり、個人も一つの人倫である。ただし、個人が人倫であるのは、国家の一員である「国民」としてのみである。そうであれば、個人の使命は、国家のなかで普遍的な生活を営むことである。

国家のなかで個人は互いに連帯し、国家は連帯を実現するための共同体となる。しかし、そうはいっても、個人が主体や自立を放棄して全体のなかに埋没するわけではない。近代の国家ではすでに、家族と市民社会が十分に発展しているので、個人が主体や自立を最大限に追求しながら、普遍的なものや公共的なものへの関心を意識して生活を営む。これによって国家は、特殊と普遍の統一を実現することができる。

したがって、ヘーゲルの考える国家とは、具体的には、君主権・統治権・立法権の三権からなる近代国家であり、その基本となるのは立憲君主制である。すなわち、国家とは、三つの権力が相互に密接な関連をもちながら、憲法にもとづいて一人の君主がすべての国民を代表する、一つの人倫的な組織である。

そこでは、市民社会に生まれた職業団体などの中間団体が大きな役割を果たしている。たとえば、官僚や国などによる上からの決定と運用に対抗すべく、草の根からの市民による下から上に向かう団体制度が考えられている。たしかにヘーゲルは、官僚や公務員に対して強い期待を寄せてはいるが、しかし公的な制度の弊害もよく知っていた。したがってそこでは、互いに自立した団体が中央の権力と釣り合いを保つような社会構造が求められている。

ヘーゲルによれば、個人の自由の原理も、私的所有の原理も、近代に生まれたものであって、これを否定したり抑圧したりすることはもはやできない。しかし、新自由主義的にこれを放任することもできない。なぜなら、まったくの自由競争が市民社会を一時的に発展させるとしても、それはかならずや、格差や失業や貧困を結果としてたらすからである。ここに、個人の自由の原理を最大限に保障しつつも、それを全体の維持に結びつけていくという課題が生じてくる。国家とは、この課題に対するヘーゲルからの回答である。

以上が、家族・市民社会・国家からなるヘーゲルの人倫的共同体論である。とくに国家は、国内法・国際法・世界史の三つに区分される第一の法である。それに対して、国際法は国家と国家の関係に由来する第二の法であり、世界史は普遍的な国家に妥当する第三の法である。

6 国際法と世界史

第二の国家にあたるのが国際法であるが、国家と国家の関係にかかわる国際法とはどのような法のあり方なのだろうか。『ヘーゲル事典』のなかの神山伸弘の解説によれば、国際法の特徴は、国家が互いに条約を遵守することではあるが、これはあくまでも当為にすぎないという。当為とは、そのようにすべきなのではあるが、実際にはそうではないという意味であり、つまり、努力目標にとどまるものである。

なぜなら、国際法は、国家間の紛争を解決するために相互の承認を前提としているが、しかしそこには、紛争を解決するだけの実行力をもつ、国家を超えた組織も制度も存在しないからである。したがって、カントのように永久平和を唱えるだけの国際連盟も、あるいはその発展形態としての国家連合も、実のところは、個々の国家や国民の利害を保護したり、あるいは排除したりするだけの一国支配でしかない。特定の超大国が国際社会を牛耳っているようなものである。

国際関係とはそもそも、国家相互の自然状態であり、極端にいえば戦争状態である。そうだとすれば、国際法の実態は、国家が互いに条約を締結しては破棄するという永遠のだまし合いにほかならない。永久平和を実現しようとすれば、もっぱら防衛に徹して、攻撃を禁止するしかないが、他方で、戦力によってしか自国の権利を守ることができないとすれば、平和を維持するためには軍隊を保持するしかない。すなわちこれは、平和のために戦争をするという矛盾した事態である。したがって、国際法とは結局のところ、主権をもった国家同士が軍事力を用いて互いに牽制しあうことで、自らの利益を保持しようとするパワー・ポリティクス（権力政治）にすぎない。

それに対して、第三の普遍的な国家にあたるのが、世界史である。世界の歴史とは、『ヘーゲル事典』のなかの上妻精の解説によれば、根本的歴史と反省的歴史と哲学的歴史の三つに分けられる。

まず、根本的歴史は、ヘロドトスの『歴史』やトゥキュディデスの『戦史』のように、直接または間接に見聞した出来事を記録にとどめたものであり、反省的歴史は、リヴィウスの『ローマ史』やヨハネス・ミュラーの『スイス史』やニーブールの『ローマ史』のように、時代を超えて歴史を概観し教訓を引き出したり批判したりするものである。それに対して、ヘーゲルのいう哲学的歴史は、歴史に内在して歴史を貫く理念に即して歴史を認識するものである。

ヘーゲルの哲学的な歴史観からすれば、世界史とは、個々の意識が自由に向かって進歩することである。具体的にいえば、アジアから古代ギリシア・ローマへ、そしてゲルマン世界へと東から西へ移動する運動なのである。よく知られている図式でいえば、専制政治が支配するアジアでは一人が自由であったが、奴隷制と同時にポリス民主制を開化させた古代ギリシア・ローマでは複数の人が自由になり、ゲルマン諸国が活躍する近代になるとすべての人が自由になる、というものである。

きわめて図式的な理解ではあるが、人間は個人であるとともに他人と共同して生きているから、ヘーゲルは社会契約論が前提とする近代の個人主義にあくまでも反対して、人間をポリス的動物とみなしたアリストテレスから『法の精神』のモンテスキューを貫く系譜に立っていた。ヘーゲルにとっては、国家が自由と共同の統一からなる人倫の最高の形態だったのである。

推薦図書

・ヘーゲル『法の哲学――自然法と国家学の要綱』（上・下）上妻精・佐藤康邦・山田忠彰訳（岩波書店、二〇〇〇年、二〇〇一年）。

法律・道徳・人倫という有機的な社会制度が実現されて、現にここに存在する姿を描く。底本はズーアカンプ版であり、岩波書店版『ヘーゲル全集』のなかの新訳である。上巻は、序言、緒論、第一部「法律」、第二部「道徳」の翻訳であり、下巻は第三部「人倫」の翻訳である。

・ヘーゲル『法の哲学』（1・2）藤野渉・赤沢正敏訳（中央公論新社、二〇〇一年）。

「ミネルヴァの梟は黄昏を待って飛び立つ」。哲学を表すこの有名なフレーズは、ヘーゲル最後のこの書物のなかに出てくる。法とは正義のことであり、本書はまさしく社会正義の哲学といえる。主観的な正しさより客観的な理法を重んじた、ヘーゲル最後の主著、一八二一年の『法・権利の哲学要綱』。ハンディになって再登場。『世界の名著』（中央公論社、一九六七年）が新書サイズになり読みやすくなった。

・ヘーゲル『自然法および国家学に関する講義』尼寺義弘訳（晃洋書房、二〇〇二年）。

一八一七／一八年、一八一八／一九年の講義録。ヴァンネマンの筆記。

・ヘーゲル『自然法と国家学講義』高柳良治監訳（法政大学出版局、二〇〇七年）。

一八一七／一八年、一八一八／一九年の講義録。ヴァンネマンの筆記。

・ヘーゲル『自然法および国家法』尼寺義弘訳（晃洋書房、二〇〇三年）。

一八一八／一九年の講義録。ホーマイヤーの筆記。

・ヘーゲル『法哲学講義録』中村浩爾ほか訳（法律文化社、二〇〇二年）。

一八一九／二〇年の講義録。筆記者は不明。

・ヘーゲル『法の哲学』尼寺義弘訳（晃洋書房、二〇〇九年）。
一八二一／二二年の講義録。筆記者は不明。
・ヘーゲル『法・権利・正義の哲学』尼寺義弘訳（晃洋書房、二〇〇六年）。
一八二二／二三年の講義録。ハイゼの筆記。
・ヘーゲル『ヘーゲル教授殿の講義による法の哲学』尼寺義弘訳（晃洋書房、二〇〇五年）。
一八二二／二三年の講義録。ホトーの筆記。
・ヘーゲル『法哲学講義』長谷川宏訳（作品社、二〇〇〇年）。
一八二四／二五年の講義録。グリースハイムの筆記。
・ヘーゲル『歴史哲学講義』（上・下）長谷川宏訳（岩波書店、一九九四年）。
一八二二年から一八三一年までの講義。世界精神の理性的な歩みとして世界史を描く。

第9章　後期論集（一八一七年〜一八三一年）

1　書評と批評

一八一六年冬学期にハイデルベルク大学へ赴任したヘーゲルは、翌年の一八一七年から、ハイデルベルク大学が発行する雑誌『ハイデルベルク文芸年報』の編集を行うことになる。そして、この雑誌の創刊号と第二号に、「ヤコービ著作集第三巻への書評」を発表している。ヘーゲルにしては比較的温厚な書評ともいえるが、その年から翌年の一八一八年にかけて、同じく『ハイデルベルク文芸年報』に、「ヴュルテンベルク王国議会における討論の批判」を発表し、王国議会に対して批判的な論文を掲載していく。このなかでヘーゲルは、フリードリヒ大王の立憲君主制案に基本的に賛成しながらも、常任委員会と書記制度がもたらした弊害を指摘して特権的な貴族政治を批判している。

一八一八年冬学期、ハイデルベルク大学からベルリン大学に移ったヘーゲルは、一八一九年から一八二〇年にかけて、『文芸批判雑誌』を発行するための原稿を執筆し、一八二〇年には「キューゲルゲンの絵」について、一八二一年には「クロイツァーによる『プロクロスの神学原理』における注の作成」について、一八二一年から一八二二年には「色彩論」について書いている。一八二二年から一八二五年までは、「人間学と心理学」への予稿と思われる「主観的精神の哲学のための断片」を書き残している。そして一八二六年には、ヘーゲルは劇作家ラウパッハの喜劇『改悛者たち』を見て、『ベルリン・エクスプレス』に「改悛者たちについて」という批評を発表している。

一八二六年、ヘーゲルは、『学的批判年報』（通称『ベルリン年報』）という新しい雑誌を発行するために、「学的批判協会」を立ち上げることになる。表向きには、最新の文献を学問的に批判するというスタイルの書評誌なのだが、実質的には、ヘーゲル学派の機関誌となるものであった。ヘーゲルの弟子のガンスやヘニングが編集を引き受け、ゲーテ、フンボルト、アウグスト・ヴィルヘルム・シュレーゲルなどがこの雑誌に参加している。

一八二七年、ヘーゲルは自ら、『学的批判年報』に「ヴィルヘルム・フォン・フンボルト著『バガヴァッド・ギータの名で知られたマハーバーラタのエピソードについて』の批評」を発表する。一八二八年には、『学的批判年報』に、「ゾルガーの遺稿と往復書簡について」と「『ハーマン著作集』について」を発表し、一八二九年には、「ゲッシェル著『無知と絶対知のアフォリズム』について」を発表する。一八三一年には、「オーレルト著『観念実在論』について」と「ゲレス著『世界史の基礎・区分・時代順について』の批評」を発表する。このほかに、『学的批判年報』には、匿名（ヒュルゼマンか？）の「ヘーゲルの学説あるいは絶対知と現代の汎神論について」、シューバルトとカルガニコの共著「哲学一般とヘーゲルのエンチクロペディーについて」などが掲載されている。

2　芸術と宗教

雑誌への寄稿とは別に、一八一八年夏学期、ヘーゲルはハイデルベルク大学で美学の講義を始める。一八二〇／二一年冬学期には、ベルリン大学でも美学の講義をしていて、聴講していた筆耕者による正確な筆記録が残されている。一八二三年夏学期、一八二六年夏学期、一八二八／二九年冬学期の美学講義には、受講者のノートが複数残されており、ヘーゲルの美学・芸術哲学を再構成することができる。

最初の美学講義は一八一八年夏学期のハイデルベルク大学であったが、この講義については筆記録が発見されていないため詳しいことはわからない。ヘーゲルが講義のために作っていた自筆草稿も失われている。それでも、ハイデルベルク大学での講義とベルリン大学での講義の本質的な違いは、授業用の教科書『エンチクロペディー』の美学にかかわる箇所からある程度は明らかになる。

ヘーゲルの『美学講義』を編集したホトーが報告しているように、ヘーゲルはベルリン大学での講義のために、ハイデルベルク大学での講義草稿とは別に、新たな講義草稿を準備していた。これがベルリン・ノートと呼ばれるものである。しかしベルリン大学へ移ったのち、最初に美学の講義をするとき、ヘーゲルはこれでもやはり不十分だと思い、一八二〇年十月にはすでに、講義ノートの全面的な書き直しを始めていた。この作業から、それ以後ずっとヘーゲルの美学講義すべての土台となるノートができあがってくる。「芸術哲学としての美学」という題目で告知されたこの講義は、週に五回、午後の五時から六時まで、それも一八二〇年十月二十四日から一八二一年三月二十四日まで行われていた。ヘーゲルは五十名の聴講者を前にして講義をしたが、そのなかには著名な聴講者もいて、学期の最後にはハインリヒ・ハイネも姿を見せたという。

ヘーゲルの美学構想を見ていくと、全体は一般部門と特殊部門の二つの部門から構成されているのがわかる。この区分は、最初の三回の講義（一八二〇／二一年、一八二三年、一八二六年）では維持されていたが、最後の講義（一八二八／二九年）では三部門の形式となる。ただし、内容のほうは二部門でも三部門でも同じままである。序論につづく一般部門は美の理念を包括的に論じて、それから象徴的・古典的・ロマン的な芸術形式という特殊形態を具体的に論じていく。一八二〇／二一年の講義では、理想が歴史的な形態をとって現れる部門は、一般部門のなかの特殊部門とされ、建築・彫刻・絵画・音楽・詩という個々の芸術の詳論は、本来の特殊部門とされている。

ここには、ハイデルベルク大学での美学と比較すると、区分に関する重要な変化が見られる。それは、ペルシア・インド・エジプトといった古典以前の芸術形式が、最下位の段階に位置づけられていて、象徴的な芸術形式にまとめられている点である。象徴とは、ハイデルベルク時代にはまだ人間のことであり、古典的な芸術形式において理念が理想的に表現された人間の形態のことだった。しかしベルリン時代には、象徴とは理念を自然において不完全な仕方でしか表すことのできないものとなり、したがって象徴的な芸術形式は芸術以前のものとして古典的な芸術形式の前に置かれることになる。

そしてこのときに、芸術と宗教の内容が区別されただけではなく、芸術と宗教が講義のかたちでも分けられることになる。ハイデルベルク時代の『エンチクロペディー』（一八一七年）ではまだ、芸術と宗教は「芸術宗教」というかたちで結合されていた。ところがベルリン時代になると、ヘーゲルは、一八二〇／二一年冬学期に「芸術哲学」の講義を行い、そのあとに、一八二一年夏学期になって最初の「宗教哲学」の講義を行っている。

ヘーゲルは美学講義の最後のところで「芸術の終わり」を説いているが、これは芸術が終わってしまったという意味ではない。そうではなくて、芸術哲学の講義はここで終わって、そのあとに宗教哲学の講義が続くという意味で、ヘーゲルが美学講義の最後に受講者に伝えたことばである。すなわち、ヘーゲルは、芸術哲学の講義と宗教哲学の講義という、二つの講義の順序を結びつけることで、芸術から宗教への展開に注意を向けているのである。

こうしてヘーゲルは、一八二〇／二一年冬学期に芸術哲学の講義を終え、一八二一年夏学期には宗教哲学の講義を始めることになる。宗教哲学の講義内容は、序論、第一部「宗教の概念」、第二部「限定された宗教」、第三部「完成した啓示宗教」からなっていた。

3 政治と経済

一八二九年夏学期、ヘーゲルは「神の存在証明」の講義を行い、一八三〇年には、アウグスブルクの信仰告白三〇〇年祭においてラテン語で講演をしている。この三〇〇周年祭は、一五三〇年にルター派の神学者メランヒトンが「アウグスブルク信仰告白」を執筆したのを記念するものであった。

翌年の一八三一年、ヘーゲルは『プロイセン一般新聞』に「イギリス選挙法改正法案について」という論文を発表している。しかし、その後は、論文の連載が禁止されたので、印刷された原稿を知人に配ることになった。

では、ヘーゲルにとってイギリスとはどのような国だったのだろうか。『ヘーゲル事典』にある「イ

「ギリス」の項目についての平野英一の解説によれば、ヘーゲルは、イギリスの立憲政治の基礎を築いたといわれるマグナ・カルタや権利章典を、歴史的に獲得された私権であって、たんなる実定的なものの集積にすぎないものと見ていた。

イギリスは、ピューリタン革命と名誉革命を経ながらも、旧態依然の不合理で腐敗した選挙制度を残しており、地主貴族の議会での寡頭政治や領主権などの多くの封建的特権を残していた。その当時のヨーロッパ大陸ではすでに、フランス革命によって普遍的な理性の原理による法体系が構築されていたにもかかわらず、イギリスでは改革が大幅に遅れていたのである。

それに加えて、産業革命の進行によって、工業化され都市化された市民社会には構造的な矛盾とひずみも生じていた。とりわけ、ブルジョアジー（資本家）とプロレタリアート（労働者）という新しい階級が台頭して、富の蓄積と労働者の貧困が増大していたという事情もある。イギリスでは、こうした国内問題を解決するために海外への進出も試みられたが、それほどまでにイギリスの法制改革の必要は緊急性をおびていた。

このようにヘーゲルは、早くからイギリスの議会選挙制度に注意を払っていて、一方では、一八三〇年ころから急速に高揚してきた選挙法改正を求める議会改革や社会改革の運動の必要性を認めながらも、しかし他方では、改革運動のなかにプロレタリアートの台頭と、伝統的な議会主義の破壊を導きかねない急進的な動きをも見て取っていた。

こうしたことからヘーゲルは、ドイツ国家を再建するためにも、階級間の対立を融和させ革命を回避しながら改革を達成できる方法として、君主権の強化へと向かっていったのである。

推薦図書

・海老澤善一訳編『ヘーゲル批評集2』（梓出版社、二〇〇四年）。

ヘーゲルの批評論文を翻訳し、解説を付けたものである。五十五歳から亡くなる六十一歳までに書かれた四編の批評論文「改悛者たちについて」（一八二六年）、「ヴィルヘルム・フォン・フンボルト著『バガヴァッド・ギータの名で知られたマハーバーラタのエピソードについて』の批評」（一八二七年）、「ゾルガーの遺稿と往復書簡について」（一八二八年）、「ゲレス著『世界史の基礎・区分・時代順について』の批評」（一八三一年）を収める。補遺として「レッシングの妻との往復書簡について」と「ヴァレンシュタインについて」も収録されている。

・ヘーゲル『美学講義』（上・中・下）長谷川宏訳（作品社、一九九五年、一九九六年、一九九六年）。

グロックナーが編集した旧版からの翻訳なので読みやすくはあるが、講義録のテキストとしては信用できない。

・ヘーゲル『美学講義』寄川条路監訳（法政大学出版局、二〇一七年）。

従来の『美学講義』は、ホトーの手で体系へと編集され、歪曲されたテキストであった。シュナイダー編で初公刊された本書は、一八二〇／二一年冬学期のベルリン大学での美学講義を忠実に伝える校訂版であり、ヘーゲル美学のありのままの姿を示すとともに、その後の発展をすべて内包する基本的内容をなす。芸術哲学の決定的古典といえる。校訂版からの翻訳で信頼できる。

・ヘーゲル『宗教哲学講義』山崎純訳（創文社、二〇〇一年）。

ベルリン大学における、宗教哲学の体系化に成功した一八二七年の講義と死の直前の一八三一年の講義の要約を訳出してその全貌を示したものである。講義の全体は残されていないが、ヘーゲルの宗教理解の二面性がいかに豊かな知見と発想に支えられていたのかを明らかにしている。イェシュケが編集した新版の翻訳。

・ヘーゲル『哲学史講義』（1・2・3・4）長谷川宏訳（河出書房新社、二〇一六年）。

古代ギリシア哲学から中世スコラ哲学を経て近代ヨーロッパ哲学にいたる西洋哲学史の講義。大河のように律動し変遷する哲学のドラマを、全四巻で改訳して文庫化。

・ヘーゲル『政治論文集』（下巻）上妻精訳（岩波書店、一九六七年）。

フランス革命によってヨーロッパ全体が揺るがされ、近代国家を形成する動きが激しい勢いで起こった。ヴュルテンベルク王国に憲法が制定され、やがてイギリスの選挙法改正が実現される。フランス革命の正しさを確信し、祖国ドイツの立ち遅れを取り戻そうとするヘーゲルは、自らの政治的立場を鮮明にして、これらの問題を情熱的に論じていく。「ヴュルテンベルク王国地方民会の討論」、「イギリス選挙法改正法案について」などを収録する。

第10章　ヘーゲル学派（一八三一年〜一八九〇年）

最後に、ヘーゲルが亡くなったあとに、学派が形成されて発展し、そして分裂して崩壊するにいたるまでの過程を概観しておこう。『ヘーゲル事典』にある生方卓の解説をもとにヘーゲル学派の流れを紹介しておく。

1　ヘーゲル学派の形成と発展

まず、ヘーゲル学派とは何だろうか。狭義には、ヘーゲルの教えを受けて、ヘーゲルの哲学を受容し、ヘーゲルの学説を発展させたメンバーを指しているが、広義には、ヘーゲルの哲学に影響を受けながらも、ヘーゲルの哲学を批判した人たちをも含んでいる。

ヘーゲルが大学で授業を始めたのは、イエナ大学（一八〇一年〜一八〇六年）からであり、すでにそのころからヘーゲルのもとには熱心な学生たちが集まっていた。たとえばガプラーはそのなかの一人であり、ヘーゲルの死後、後継者としてベルリン大学の哲学教授に指名された一番弟子である。ハイデルベルク大学（一八一六年〜一八一七年）では、カローヴェ、ヒンリヒス、ガンス、ダウプなどが、ヘーゲルの熱烈な支持者となっていた。厳密な意味で学派が形成されるのは、ヘーゲルがベルリン大学（一八一八年〜一八三一年）に移ってからのことであり、とりわけ、ヘーゲル学派の機関誌ともいえる『学的批判年報』が一八二七年に発刊されてからのことである。

ローゼンクランツの『ヘーゲル伝』が伝えているように、当時は、ベルリン大学でヘーゲルの講義を聴くことが流行になっており、ヘーゲル学派の一員であることが大学で職を得るための条件とさえなっていた。このような理由から、学派に属する人は、すでに七十四名にも及んでいたという。

ヘーゲルが学派を形成できたのは、まずは、ヘーゲルの哲学がプロイセンの政府によって受け入れられ、なかでも文部大臣アルテンシュタインに支持されていたという外面的な理由から説明される。だが、それだけではない。ヘーゲルが学派を形成するにいたった哲学的な根拠ともいうべき内面的な理由もある。すなわち、ヘーゲルの哲学は、あらゆる立場を自分のなかに包み込み、哲学のエンチクロペディーという学問体系を構築して完成をめざしていたから、賛成するにしても反対するにしても、一つの大きな学派を形成するような下地があったといえる。

たとえば、ガブラー、ヒンリヒス、ヴェルダー、エルトマンらが、ヘーゲルの論理学を受け入れてさらに発展させていったように、シャラー、メンツァーらはヘーゲルの自然哲学を、ローゼンクランツとミシュレはヘーゲルの心理学を、ガンス、ミシュレ、ヒンリヒスらはヘーゲルの法哲学を、ホトー、レッチャーらはヘーゲルの美学を、ダウプ、マールハイネッケ、ゲッシェル、ヴァイセ、ローゼンクランツ、コンラーディ、ファトケらはヘーゲルの宗教哲学を受け入れてさらに発展させていった。

このようにヘーゲル哲学には、さまざまな分野でさらに発展させるだけの条件が整っており、学派を形成することのできる下地がすでにできあがっていたといえる。

2　ヘーゲル学派の分裂と崩壊

　ところが、ヘーゲル学派の形成と発展は、同時に、その分裂と崩壊のはじまりでもあった。生方卓はつぎのように説明している。もともとヘーゲルの学派形成に対しては批判もなされていたのだが、シュトラウスの『イエスの生涯』（一八三五／三六年）をきっかけにして、ヘーゲル学派は右派と左派に分裂してしまった。そして、ヘーゲル左派が急進化していくと、プロイセン政府とヘーゲル学派との関係も悪化して、それがまた学派の分裂を促し、崩壊へと導いていった。

　ヘーゲルの哲学では、哲学と宗教は「宗教哲学」となって統一されていたが、哲学と宗教が引き裂かれ、国家と教会が引き裂かれたとき、ヘーゲル学派は右派と左派に真っ二つに分かれてしまった。はじめは哲学と宗教の関係をめぐる対立にとどまっていたが、この対立が、国家と教会の関係をめぐる対立に移り、シュトラウスの『イエスの生涯』によって、両者の対立が学派の対立に転化していく。

　シュトラウスは、ヘーゲル学派を三つに分けている。まず、イエスの教えである福音書の歴史を全面的に受け入れる立場を「ヘーゲル右派」と呼び、つぎに、福音書の歴史を部分的に受け入れる立場を「ヘーゲル中央派」と呼び、そして、福音書の歴史をまったく受け入れない立場を「ヘーゲル左派」と呼んだ。そのうえで、ヘーゲル右派には、ゲッシェル、ガプラー、バウアーが属し、中央派にはローゼンクランツが属し、左派にはシュトラウス自身が属することになった。

　シュトラウスの区分は、あくまでも宗教上の区分にもとづいたもので、宗教的な立場の対立なのだが、この区分は直ちに政治の場面にも持ち込まれてきて、政治的な対立にまで進んでいった。さらに、政治的な対立は、ヘーゲル学派の内部での左右の対立から、ヘーゲル学派とプロイセン政府との対立にまで拡大していった。それとともに、学派の分類もますます政治色を強めていき、急進派の左派は「青年ヘーゲル派」と呼ばれ、穏健派の右派は「老ヘーゲル派」と呼ばれるようになった。

シュトラウスに続いて、バウアー、フォイエルバッハ、シュティルナーは、宗教批判を汎神論から無神論へ、さらには唯物論にまで押し進めていく。そして、バウアー、ルーゲ、ヘス、マルクス、エンゲルス、バクーニン、ラサールは、政治批判を通して、立憲君主制、民主主義、社会主義、無政府主義に別れていった。その結果、ヘーゲル左派は分裂し、右派は自由主義の立場に立ち、中央派は学問研究に専念することになった。

シュトラウスによるヘーゲル学派の分類後も、学派の分類が何度も試みられてきた。たとえば、国際ヘーゲル学会の会長を務めていたヘニング・オットマンは、現在にいたるまでのヘーゲル学派の流れを、全体主義的な体系を批判するヘーゲル左派、普遍主義に賛同するヘーゲル右派、近代自由主義的法治国家を弁護するヘーゲル中央派に分類している。それによると、ヘーゲル左派には、ルーゲ、フォイエルバッハ、マルクス、ブロッホ、マルクーゼ、アドルノが属し、右派には、エルトマン、レスラー、ラッソン、シュプランガー、ビンダー、シュパンが属し、中央派には、ローゼンクランツ、ミシュレ、ローゼンツヴァイク、ドント、アヴィネリ、リッター、ロールモーザー、リュッベなどが属するという。

3　ヘーゲル哲学を受容した右派と中央派

ここで、ヘーゲル哲学を受容した右派と中央派のメンバーを紹介しておこう。

ゲオルク・アンドレアス・ガプラーは、一八〇五年から一八〇六年にかけてイエナ大学でヘーゲルの講義を聴講していた学生であり、その後、シラー家の家庭教師となり、ギムナジウムの教授を経て、一八三五年にヘーゲルの後任としてベルリン大学の哲学教授となった、ヘーゲルの最初の弟子である。シュトラウスに対抗してヘーゲル哲学とキリスト教との一致を主張した、ヘーゲル右派に属する哲学者でもある。ヘーゲル『精神現象学』にもとづく『哲学入門』（一八二七年）や『ヘーゲル哲学』（一八四三年）を著し、『学的批判年報』（一八三二年）にも寄稿している。

カール・ダウプは、ハイデルベルク大学の教授であり、はじめはカント哲学の道徳的な厳格さにひかれ、つづいてシェリング哲学のロマン的で思弁的な方向に影響を受けたが、やがてはヘーゲル哲学に全面的に傾倒するようになった神学者である。ハイデルベルク大学の副学長であったことから、一八一六年にヘーゲルのハイデルベルク大学への転任を促し、その後も個人的にヘーゲルと深い関係を保っている。ヘーゲルの『精神現象学』は、人間の意識が神の意識へと上昇する道程を論理的な方法によって明らかにしたものだと理解した。

ペーター・ガブリエル・ファン・ゲールトは、オランダの哲学者で政治家である。イエナ大学で学んで以来、ヘーゲルと親交を保っていた。オランダに帰ってからライデンで教職に就いたあと、一八〇九年にはオランダの大学にヘーゲルを招こうとした。その後、公務によってパリへ派遣され、ギゾーやクーザンらと親交をもっている。晩年にはヘーゲル哲学についての公開講義を行い、ヘーゲル哲学をオランダに移入するのに功績があった。動物磁気に関して多くの研究を行い、磁気療法がヘーゲルに報告されている。

レオポルド・ヘニングは、ベルリンのブルシェンシャフト（学生組合）のメンバーであったが、ハイデルベルクのブルシェンシャフトの指導者であったカローヴェがヘーゲルとともにベルリンに移ってきたとき、プロイセン当局の捜査を受け逮捕され投獄されている。のちにヘーゲルの助手・復習講師を務め、ベルリン大学教授となる。ヘーゲル右派に属し、ヘーゲルの法哲学・国家哲学を継承して発展させた。

ハインリヒ・グスタフ・ホトーは、美術史家で、王室博物館の銅版画陳列室長を務め、ベルリン大学教授として、ヴォルフ以後の美学体系の歴史、詩学などについて講義を行っている。のちにはドイツ・オランダの絵画を研究し、作品の個性を一般的な時代様式に還元して、美術史の総体的な把握に努める。生と芸術との和解、現実と詩との和解をヘーゲル哲学のなかに見いだし、『生と芸術のための予備研究』（一八三五年）などを著す。ヘーゲル『美学講義』を編集したことで有名である。

フィリップ・マールハイネッケは、プロテスタントの神学者で、ハイデルベルク大学教授を経て、ベルリン大学教授兼三一教会説教師となる。ヘーゲル右派の代表者で、はじめは歴史家として活躍し、教会の信仰箇条の歴史的研究、教会史、教義史の研究を行いながら、体系的神学、信条学、宗教改革史の研究にも携わっていた。キリスト教の教義と思弁哲学との一致を確信し、教義が表象の形式において示すものを、哲学は概念の形式で示すものと考え、教会と国家の調和、信仰と知識の調和を説いた。ヘーゲル『宗教哲学』の編集を行う。

カール・ローゼンクランツは、ベルリン大学、ハレ大学、ハイデルベルク大学で神学と哲学を学び、その後、ケーニヒスベルク大学の哲学教授となる。亡くなるまで、きわめて広汎な著作活動を展開して、文化と学問の発展に貢献している。学生時代からヘーゲルの弟子たちの講義を聴き、のちにはベルリンでヘーゲルと会ってヘーゲルの哲学への理解を深めた。『ヘーゲル伝』(一八四四年)を書いたことで有名だが、そのほかの著作に、『神学的諸学のエンチクロペディー』(一八三一年)、『ヘーゲルの体系に関する批判的解明』(一八四〇年)、『学問の体系』(一八五〇年)、『醜の美学』(一八五三年)、『論理的理念の学』(一八五九年)、『日本国と日本人』(一八六〇年)などがある。『ヘーゲル伝』とは別に、『ドイツ国民哲学者としてのヘーゲル』(一八七〇年)という伝記も残している。

4 ヘーゲル哲学を批判した左派

つぎに、ヘーゲル哲学を批判した左派のメンバーを紹介しておこう。

ルードヴィヒ・フォイエルバッハは、『ヘーゲル事典』にある高田純の解説によると、『ヘーゲル哲学批判のために』(一八三七年)を書いて、ヘーゲル批判に転じた左派の哲学者である。『キリスト教の本質』(一八四一年)のなかで、神は人間の本質が人間から切り離されて外部に投影されたものにすぎないと、キリスト教を批判して、神に頼ることなく直接に自らを自覚し、人間が人間にとっての神であることを自覚しようとした。こうした意味で、『将来の哲学の根本命題』(一八四三年)では、ヘーゲル哲学は逆立ちしているのだと批判される。ヘーゲルは理性や精神を感覚や自然から切り離しているが、フォイエルバッハによれば、理性や精神は感覚や自然にもとづいているのだという。

キリスト教もまた、感性をもつ現実の人間から精神を切り離し、精神を超越的な神へ高めて、精神を現実の人間から疎外するから、この点では、ヘーゲル哲学と同じように観念論である。ここからフォイエルバッハは、神学と融合した観念論に対抗して、自然を基礎とした人間学を構想する。ヘーゲルが人間を普遍的な実体である国家に解消するのに対して、フォイエルバッハは、人間のもつ感覚的で個別的なあり方を強調し、個人相互の結合として共同体をとらえる。ヘーゲルを批判するフォイエルバッハのこのような思想が、若いマルクスに影響を及ぼしていく。

カール・マルクスは、革命家としてのみならず、経済学者、哲学者としても有名である。直接ヘーゲルの教えを受けたわけではないが、自らヘーゲルの弟子と公言していた。マルクスがヘーゲル哲学を研究するようになったのは、ヘーゲル左派のバウアーを中心とするグループとの交流からである。『ヘーゲル事典』にある柴田隆行の解説によれば、一八三七年にヘーゲル学派の集まりである「ドクター・クラブ」に入ってヘーゲル哲学に触れ、まずはヘーゲルの『法の哲学』と『精神現象学』を研究し、その後はヘーゲルの『宗教哲学』の書評を書こうとしたり、バウアーといっしょに『ヘーゲルを審く最後の審判ラッパ』を出そうとしたり、さらにはヘーゲルの『法の哲学』を批判したルーゲの影響を受けて、ヘーゲルの立憲君主制への批判を準備したりしていたという。

一八四二年、『ライン新聞』の編集者になったマルクスは、時事論文の執筆に専念するが、その内容はきわめてヘーゲル的なものだった。フォイエルバッハの『哲学改革のための暫定的提題』を読んで大きな衝撃を受け、『ヘーゲル国法論の批判』をまとめ、ヘーゲルの立憲君主制に対抗して民主制を唱えている。一八四三年の『ユダヤ人問題によせて』では、市民社会と国家の分裂に焦点を合わせ、人間は公民という立場で抽象的な生活を営む一方で、市民社会の成員としての私人という立場で現実の生活を営むから、必要なのは政治的な革命ではなく市民社会の変革だと主張していた。

マルクスは、『ヘーゲル法哲学批判序説』では、市民社会の変革の担い手をプロレタリアートと呼ばれる労働者階級に求め、一八四四年の『経済学哲学草稿』では、一方で、ヘーゲルが労働の本質をとらえていたと評価しながらも、他方では、ヘーゲルは労働のもつ否定的な側面を見逃していたと批判する。一八四五年の『聖家族』では、ヘーゲル哲学の思弁的観念論を厳しく批判し、「ヘーゲルは世界を頭で立たせて、頭のなかですべての制限を解消させている」と非難している。ヘーゲルのいう理念的なものとは、実際には人間の頭のなかに移された物質的なものにすぎないから、『資本論』では、「ヘーゲルの場合、弁証法は頭で立っている。神秘の殻に包まれているので、合理的な中核を見いだすためには、これをひっくり返さなければならない」と述べている。

マルクスと同じようにエンゲルスも、ヘーゲルの哲学体系が「観念論的に逆立ちした唯物論」にほかならないことを指摘し、そしてレーニンもまた、ヘーゲルの観念論的な弁証法は唯物論とならなければならない、と訴えている。

マルクス主義内部でのヘーゲルとマルクスの関係については、細見英の分類によると、三つの立場があるという。まず、スターリンのように、観念論と唯物論を尺度として、ヘーゲルとマルクスの対立や断絶を主張する立場である。つぎに、マルクーゼのような新ヘーゲル主義者あるいは実存主義者のように、弁証法ないし疎外論を軸として、ヘーゲルとマルクスの直接的な連続を唱える立場である。そして、レーニンやルカーチのように、ヘーゲルとマルクスの対立を媒介とした連続、マルクスによるヘーゲルの方法の逆転を通じての継承を解明しようとする立場である。三つの立場のいずれであっても、ヘーゲルの哲学は、方法においても内容においても、批判されながら発展を続けてきたといえる。

推薦図書

・良知力・廣松渉編『ヘーゲル左派論叢』(御茶の水書房、一九八六年〜二〇〇六年)。

ヘーゲル左派の重要文献を集めて翻訳したものである。第一巻は、ヘーゲル左派内部での論争の主要な文献を収める。ヘス、シュティルナー、バウアーによる「ドイツ・イデオロギーの内部論争」。第二巻は、ヘーゲル歴史哲学の分野で批判運動をした人の文書を集める。チェシコフスキ、ヘスによる「行為の哲学」。第三巻は、バウアー、グリューン、ユリウス、ヘスによる「ユダヤ人問題」。第四巻は、バウアー「ヘーゲルを裁く最後の審判ラッパ」「暴かれたキリスト教」を収める。

・カール・ローゼンクランツ『醜の美学』鈴木芳子訳(未知谷、二〇〇七年)。

都市化や工業化による急激な社会変革、プロレタリアートの台頭など、社会問題の醜は芸術にも浸透し、真・善・美を統一した価値観が危機にさらされる。建築、彫刻、絵画、詩、文学、演劇、神話など、芸術のあらゆるジャンルを膨大な資料のもと古今にわたって検証し、美学のなかの醜という新たなパラダイムを提示する。美学の革新的テーマである醜に真正面から取り組み、後世に多大な影響を及ぼした古典的名著。

・カール・ローゼンクランツ『日本国と日本人』寄川条路訳(法政大学出版局、二〇一五年)。

ヘーゲルの世界史的な観点から、日本が開国する必然を説く。江戸末期までの日本の歴史・自然・文化を、当時の西洋人が入手できた稀少な文献を用いて概観し、東洋の発達した「閉鎖商業国家」である日本が、世界史の舞台に登場してくる歴史的瞬間を記録したテキストである。若き森鷗外が評価して以後、長らく忘れられてきた出色の日本論ともいえる。

第11章　ヘーゲルと現代思想

ヘーゲル学派が崩壊しても、ヘーゲルの哲学は生き残り、現代の思想に大きな影響を与えている。いまなお影響力をもち続けるヘーゲル哲学を、十九世紀から二十一世紀にかけての現代思想のなかで考察していこう。

まずは、十九世紀のデンマークの実存主義から始まって、つぎに、二十世紀のドイツの文化哲学へ、そして二十世紀から二十一世紀にかけてのアメリカのプラグマティズムを経て、現代の英米哲学へ、さらにはフランスの現代思想と欧米のフェミニズムへいたるように、地域別・テーマ別に検討していく。これによってヘーゲル哲学が影響を与えてきた現代思想の全体を、一通り見渡すことができるようになっている。

それに加えて、ヘーゲル哲学がドイツ観念論という近代哲学のなかの狭い枠組みを超えて、これからどのような方向へ進んでいくのかも見えてくる。ヘーゲル哲学を積極的に受け入れるにしても、あるいは、それに反発するにしても、現代思想の基本となるのは、哲学の歴史を「学問の体系」として完成したヘーゲル哲学であることに変わりはない。この点を押さえながら、これからどのような思想が生じてくるのかを探っていく。

1 デンマークの実存主義——ハイベアからキルケゴールへ

最初に、ヘーゲル哲学がまだ直接的な影響を与えていたデンマークのヘーゲル主義を紹介しておく。十九世紀までのデンマーク哲学は、日本ではこれまでほとんど知られてこなかったが、現代の実存主義の創始者とされるキルケゴールの新しい全集の刊行とともに、デンマーク黄金時代の文芸文化への関心が高まってきた。これに合わせて、デンマーク・ヘーゲル主義の研究が国際的にも認知されるようになった。そこで、デンマーク黄金時代に活躍した四人の哲学者、ハイベア、マーテンセン、シバーン、アドラーを紹介することにする。

まず、ハイベアは、デンマークにヘーゲル哲学を普及させた第一世代であり、ヘーゲルとの出会いから始まった初期の作品で、思弁的な論理学を説く『哲学の哲学』（一八三二年）や、キリスト教社会に対してヘーゲル哲学の意義を説いた『現代に対する哲学の重要性について』（一八三三年）などが重要な著作となる。ハイベアは当時のデンマーク社会を宗教と芸術の危機的な時代ととらえており、ヘーゲルの絶対精神の哲学こそが宗教と芸術を復興させるものと考えて、絶対知に到達した哲学が精神文化の分裂を克服するものと説いていた。まさにヘーゲル哲学の移入である。

つぎに、第二世代のマーテンセンは、ハイベアの思弁的な論理学をもとに、ヘーゲルの思弁哲学を宗教哲学へと適用していく。すなわち、神学者でもあったマーテンセンは、ヘーゲルの哲学が三位一体のキリスト教の教義学を完成させるものと確信して、デンマーク教会の指導的立場から古い教説にとらわれて啓示と理性の断絶を説くヤコブ・ペーテル・ミュンスターを批判していく。そこからマーテンセンは、思弁神学こそが理性主義と超自然主義との矛盾や対立を克服して、新しい時代の要求に応えるとともに、両者を媒介して統一をもたらすものと説く。

そして、ヘーゲル哲学によるキリスト教と近代哲学のこのような統合が、一種の脅威となり、デンマークの伝統的な哲学と宗教的な自己理解は深化の方向に進みながらも、そこからコペンハーゲン大学の哲学教授であるシバーンは、一連の反ヘーゲル論文を書くことになる。シバーンは、思弁哲学のための雑誌『ペルセウス』において、ヘーゲルの論理学が矛盾の概念と対立の概念を取り違えていると指摘したうえで、思考の原則をすべて包摂する一貫性の原理から、ヘーゲルの媒介概念を批判するにいたる。

さらにシバーンは、直接に対する媒介の優位を主張するヘーゲルに対して、そうした考えを心理学的な観点から批判していく。すなわち、弁証法が本来は概念の能力にもとづく推論の思考であると主張して、推論の思考のなかに虚偽を取り込むことで反省のなかに分裂の可能性が生じ、そして主体が不均衡に陥って概念の自己分裂が生じたのだと、ヘーゲルの思弁的論理学を鋭く批判している。こうしたシバーンのヘーゲル批判は、その後、キルケゴールの実存主義にも大きな影響を与えることになる。

また、後期ヘーゲル主義に属するアドラーも、ヘーゲルの思弁的論理学から主体という概念を展開していき、孤立した主体や単独者の概念を深化させて、ヘーゲル哲学を実存主義へと発展させていく。

2 ドイツの文化哲学――カッシーラーからブルーメンベルクへ

二十世紀に入るとヘーゲルの哲学はもっとも大きな座標軸となり、現代哲学のなかでも、いわゆる「文化哲学」の展開を促していく。たとえば、哲学的な思考に歴史文化的なことがらを引き入れるという点では、近代の哲学体系の完成態であるヘーゲル哲学と、そのさらなる展開である現代の文化哲学という、両者の考え方やその問題提起に類似性を見いだすことができる。

しかし、ヘーゲル哲学の存在は、二十世紀の文化哲学者にとっても、そして二十一世紀の私たちにとっても、もちろんたんなる先駆者というだけではない。むしろ、これから対決する相手として決定的に重要なものであったし、いまでもそうである。なぜなら、現代の哲学は、そして文化哲学の立場は、つねに繰り返しヘーゲル哲学と向かい合い、そのことによって自らを形成し、そして練り上げてきたからである。そのような観点から、二十世紀のドイツ哲学者であるカッシーラーとブルーメンベルクを取り上げ、彼らの議論をヘーゲルとの対話と格闘というコンテキストのなかで掘り下げてみよう。

たとえば、カッシーラーは、神話・宗教・芸術などの歴史的な文化を、ヘーゲル哲学の概念による認識、すなわち精神の働きとして把握している。そこから、それらの文化形態を「シンボル」（象徴形式）と呼んで、その本質だけではなく、それらのさまざまな形態をとらえていく。そして、これを哲学の課題として設定する。カッシーラーは、さまざまな文化形態を、精神が自らを現した姿として把握することで、異なるかたちをしているそれらの全体を、ヘーゲル的な意味で統一的に認識しようとした。

ブルーメンベルクもまた、概念ではとらえられないものを主題的に取り上げていく。そのかぎりで、カッシーラーの文化哲学と同じ方向をめざしていたといえる。とはいえ、ブルーメンベルクが唱える「隠喩学」は、カッシーラーのような、哲学的な思考の外部に見いだされるような文化現象へと向かうのではない。むしろ、歴史的なかたちをとって現れてくる哲学の言説を相手にしながら、思考の内部をさらに掘り下げていく。したがって、そこで見いだされるのは、概念に還元されることもなく、にもかかわらず、思考の方向を左右する「隠喩」の働きである。

ブルーメンベルクが、思考のなかにある文化的なコンテキストを分析し、歴史的な展開を追跡することは、カッシーラーとは違った仕方ではあるが、これもまた自己を切り開いていく作業となる。すなわち、私たちがいまここにいること、すなわち現在の自己は、文化的な関係の網の目のなかにあり、そして哲学的な思考もまた、つねに流動化するコンテキストとは無縁ではいられない、ということである。このような認識の自覚が文化哲学の課題なのであるから、表立っては現れてこないが、ここにもヘーゲル哲学に対する批判を認めることができる。

しかし、カッシーラーもブルーメンベルクも、自らの思索の中心にある媒介と直接という概念の道具立てが、実のところは、歴史的に形成されてきたものであって、それを築いてきたのがまさにヘーゲル哲学の知的な努力だったことは見ていない。また、現代において哲学の意味が希薄化し、文化系の学問との境目が薄れているとすれば、いまこそ文化のさまざまな現象へと向かうことで、哲学的な自己認識を企て、そこから哲学的な思考を教養文化へと開こうとした、ヘーゲル哲学の意義も顧みられてよいだろう。

3 アメリカのプラグマティズム——クワインからブランダムへ

ここで、アメリカを中心に発展したプラグマティズムを紹介し、ヘーゲルとの接点を探っておこう。アメリカのヘーゲル受容の最前線に達するために、まずは、十九世紀から二十世紀にかけての「古典的プラグマティズム」と、二十世紀から二十一世紀にかけての「ネオ・プラグマティズム」の大まかな特徴について説明しておきたい。

古典的プラグマティズムの基本的な考えは、「有用」という観点から哲学的な真理を説明するものであり、ネオ・プラグマティズムは、有用というこの基本思想を二十世紀のアメリカに復活させようとしたものである。したがって、ネオ・プラグマティズムは、一九〇〇年前後のアメリカで展開された古典的プラグマティズムに源流をもっているといえる。

アメリカでは、古典的プラグマティズムの時代以後、ヨーロッパの論理実証主義を輸入するかたちで、分析哲学が哲学界における主流となった。二十世紀半ばのアメリカにおける分析哲学内部での変革の歴史は、クワインを軸にして発展してきたが、そのなかにネオ・プラグマティズムを位置づけることができる。また、ネオ・プラグマティズムの第一世代としてローティとパトナムを、第二世代としてブランダムとマクダウェルを位置づけることもできる。

それとともに、ヘーゲルからの影響を自認して「推論主義」を提唱する、ブランダムについても論じてみよう。アメリカを代表する哲学者であるセラーズや、分析哲学の代表者であるデイヴィッド・ルイスとも親交が深かったブランダムは、言語哲学者としての華々しい経歴をもち、同時に、西洋の哲学史に関しても積極的に発言している。

ブランダムの基本的な考えは、言語を道具の一種としてとらえ、言語を使用して行われる「実践」の分析にもとづいて、言語哲学の問題を解決しようとするものである。つまりブランダムは、文の真偽はいかにして決まるのかとか、文の意味の違いはどこから生じるのかという問題を、文と現実の事態との対応として説明することはしない。というのも、「対応」による説明では、文と事態が対応するとはどういうことなのかが不明のままになってしまうからである。

これに代えてブランダムは、文を道具として用いて行われる主張という実践を分析することで、文の真偽や意味を説明していく。そのさいに、文と文のあいだに見いだされる推論的な関係を重視し、これが文全体を覆っていると考えられることに注目して、ヘーゲル的ともいえる全体論的な推論主義を提唱する。ブランダムのこうした議論は、主観と客観をいかに統一すべきかという問題を逆転させ、はじめから統一されている主観と客観がいかに区別されるかを描き出すヘーゲル的なドイツ観念論や、概念の契機や現象を全体論的にとらえるヘーゲル哲学の体系思想にもつながっていく。

ブランダムによれば、文と文とのあいだの推論的な関係は、主張という実践に参加する者たちによる相互の「スコア付け」によって決まっているという。ここでいうスコア付けとは、各人がいまどのようなことを主張できる状態にあるのかを、参加者が相互に記録しあう営みのことである。また、このスコア付けによる説明は、文の使用方法としての文の意味が社会的に、そして歴史的に決まることを意味しているから、アメリカを中心に発展してきたネオ・プラグマティズムのこうした着想は、近代哲学的な相互承認や歴史性をめぐるヘーゲルの議論にも連なっているともいえる。

4 現代の英米哲学——ホネットからマクダウェルへ

ヘーゲル哲学に注目して議論をしているのは、おもに英米の哲学者たちだが、とくにそのなかでもブランダムと並んでマクダウェルだろう。だがここで問題になるのは、ブランダムの場合もそうだが、現代の英米哲学でいうヘーゲル哲学とは、いったいどのような哲学なのか、ということである。

マクダウェルのテキストのなかに登場するヘーゲルは、ヘーゲル自身というよりも、むしろマクダウェルの思想を代弁する哲学者なのではないだろうか。それは、ヘーゲルのテキストを忠実に解釈したものなのではなく、いわばカッコ付きのヘーゲルとでも呼ぶべきものではないだろうか。というのも、ヘーゲルの哲学では、個人と個人が相互に交渉して社会的な合意をそのつど形成していく、相互承認の考えが基本にあるが、マクダウェルの語るところでは、承認を説くヘーゲルの哲学は、本質的なものとしては描かれていないからである。

マクダウェルは、相互承認の議論を意図的に排除して、ヘーゲルの『精神現象学』に登場する自己意識を読み解いているから、彼のヘーゲル理解は、古代ギリシアのアリストテレス的な人倫共同体に社会の理想を見ていた、若いころのヘーゲルの思想に引き戻される。しかし、理性や精神などという『精神現象学』のその後の展開を見通すことがなければ、そのようなヘーゲル理解もやはり、ヘーゲルの実像からかけ離れたものになるのではないだろうか。

マクダウェルは、社会思想史的な文脈を排除して、ヘーゲルの『精神現象学』の自己意識を解釈していくだけではない。さらにそこから、社会的な規範が合理的に妥当するためには、そもそも言語共同体の成員であることがあらかじめ前提とされ、必要とされるという議論を展開していく。というのも、人間は言語の共同使用によってこそ、心と世界を適切に媒介し、ヘーゲルのことばでいえば、精神と物的世界を適切に媒介しうるからである。これらの二つの領域のどちらか一方に偏ることなく、均衡を保つこと、すなわちバランスをとることこそがヘーゲルには重要なのであると、マクダウェルは語っている。

このようなマクダウェルの理解に対しては、社会思想史的な相互承認論の立場から反論が加えられている。たとえば、代表的なところでは、フランクフルト学派のホネットによる批判がある。ただし、ヘーゲルの『精神現象学』の自己意識、とくに主人と従者の弁証法として知られる箇所を、社会思想史のコンテキストにおいてではなく、認識論のコンテキストにおいて、あくまでも一人称の視点で内在的に解釈する立場は、伝統的なヘーゲル解釈にもあった。そうであれば、ヘーゲル研究の歴史から見ても、必ずしもマクダウェルが奇異な解釈をしていることにはならないだろう。

いずれにせよマクダウェルの語るヘーゲルは、現代哲学においては、ヘーゲル理解への重要な手がかりを与えてくれてはいる。しかしそれは、私たちが問題にしているヘーゲルと単純に同一視することもできない。つまり、ヘーゲルのテキストを一定のコンテキストに安易に流し込んだり、あるいは無理に押し込んだりすることも妥当ではない。しかし、そうかといって逆に、ヘーゲルのテキストにしがみついて、一定の立場からするヘーゲル読解をそう簡単に排除すべきでもない。複数の解釈を比べてみてテキストを読み解く力を育てていく必要性だけは、ヘーゲル理解にかぎらず、つねに身に付けておくべき哲学的姿勢であろう。

では、フランスの現代思想というコンテキストにおいて、ヘーゲルのテキストはどのように読み解かれるのだろうか。

5　フランスの現代思想——ラカンからジジェクへ

従来よりフランスの現代思想は、ヘーゲル哲学を受容するというよりも、むしろ敵対視してきた。このことは、もはや周知の事実であるといってもよいだろう。そこで大事なのは、どのようにして、そしてどれだけ、ヘーゲル哲学から距離を取ることができるのか、ということだった。これがフランス現代思想の一つの課題であったと断言しても差し支えない。しかし、一九八〇年代後半から徐々に、そして確実に、このような状況に変化が生じた。

いまでは、フランス現代思想の影響を十分に受けながらも、ヘーゲル哲学を拒絶するのではなく、むしろフランス現代思想との共通点からヘーゲル哲学を読解する人たちが登場している。このような哲学者のなかでも、とりわけ重要な人物として、スロベニア生まれの哲学者ジジェクの名を挙げることができる。ジジェクは、フランスの精神分析家であるラカンの用語を使いながら、近代のドイツ観念論から現代の政治状況までを鮮やかに分析して論じていく、ヨーロッパを代表する哲学者の一人であるといってもよい。

ジジェクのヘーゲル読解の特徴は、何といってもヘーゲル哲学をラカンの理論をもって解釈するという点にあるが、そのさいに参照されるラカンの理論は、必ずしもラカン自身が自覚していたヘーゲルからの影響に合致しているのではない。むしろジジェクは、ラカン自身が意図しないところでヘーゲルとの共通点をもっていると考えていた。それゆえ、ジジェクのヘーゲル読解によって、私たちは、ヘーゲル哲学をたんに精神分析へ応用できるものとして理解するのではなく、伝統的なヘーゲル解釈のなかで新しいヘーゲル像を打ち立てるところに導かれていく。

では、ジジェクの提示する新しいヘーゲルとは、いったいどのようなものなのだろうか。この点を明らかにするために注目すべきは、ヘーゲルの『精神現象学』のみならず、近代ヨーロッパの哲学を支える「実体は主体である」という基本テーゼである。というのも、実体にしても主体にしても、これらの概念は、フランス現代思想における喉元に刺さったとげのように、容易には解決できない問題だからである。それればかりか、それらは、ジジェクによるラカン理解においても、ヘーゲル理解においても、もっとも重要な概念として機能しているからである。

これまで、実体＝主体論は、思想の全体主義につながるものとして嫌われ、そして避けられてきた。この厄介ものが、フランス現代思想のヘーゲル批判の根拠ともなっていたのである。しかし、ジジェクの読解を介することによって、私たちはこのテーゼが全体主義に加担するものではなく、むしろ、ヘーゲル哲学の新しさを端的に表現するものであることを理解する。

「実体は主体である」というテーゼは、すべてを全体のうちに包含するのでも、歴史の必然を主張するのでもなく、そうではなく、それらの動的な生成の構造を提示するものとして、あらたに解釈され、そして提示される。ジジェクはそのようなヘーゲル哲学を、単純に主体の概念を復権するのではないかたちで提示している。したがって、ジジェクによるヘーゲル読解を精査することは、ヘーゲル哲学のラディカルさを復権する試みの一つともなりうる。

6 欧米のフェミニズム——ボーヴォワールからミルズへ

ラディカルさという点では、ヘーゲル哲学のフェミニズム解釈も負けてはいない。これまでヘーゲルは、家父長制の立場に立つ哲学者として、フェミニストから批判されてきた。フェミニズムの立場からの解釈では、ヘーゲルは、男性を国家に位置づけ、女性を家庭に位置づける、家父長制の立場にあるものととらえられており、実際に、『フェミニストのヘーゲル解釈』（一九九六年）を編集したパトリシア・ミルズがこの立場に立っている。

しかし、ヘーゲルは実際に、女性を受動的な存在と理解し、男性を能動的な存在と理解していたのだろうか。そして、女性の役割を家族に置き、男性の役割を国家に置いていたのだろうか。この点は、ヘーゲルの『精神現象学』のテキスト分析から解明していく必要があるだろう。ヘーゲルはそもそも、現代の視点から見たときに、フェミニストから断罪される古典的な哲学者にすぎないのだろうか。

まずは、フェミニズムの立場から女性の解放を求めて闘った、実存主義者ボーヴォワールを取り上げ、どのようにヘーゲル哲学を理解していたのかを、現代フェミニズムの立場から検証していこう。そのためには、ヘーゲルが『精神現象学』のなかで論じていた理性的な自己意識による自己の実現と、快楽と必然で論じていた性愛について考察したい。そのうえで、『精神現象学』の中心テーマともいえる精神の人倫として、人倫的な世界である家族という人間関係のなかから、とりわけて兄と妹の自由な関係を取り上げる必要があるだろう。こうした考察から、ヘーゲルが女性をどのように位置づけているのかが見えてくる。

また、それとともに、ヘーゲルが家事という女性の労働を一般的には消極的にとらえており、むしろ、家族の一員としては埋葬の役目を果たすことを重視していた点にも注目しておきたい。そして最後に、以上の考察から導かれる結論として、社会という共同体において、ヘーゲルが女性をどのようにとらえていたのかが明らかになる。

ヘーゲルの『精神現象学』は、そもそも「意識経験の学」として、意識が自らの知識を自分で吟味し、新たな対象のうちに自らの真理を見いだしていく教養の過程であった。つまり、個人としての意識が、知識と真理を吟味するなかで成長し、子ども時代の思い込みを訂正していくなかで大人になるという、ある意味では自らの道のりを否定しながら成長していく懐疑の道程である。『精神現象学』が、このような方法論を取るために、否定されるべき子ども時代や受動的にふるまう女性的態度は未熟なものであり、成熟した男性にのみ積極的な活動が認められてきた。

だが、本当にそうであろうか。実のところはそうではなくて、女性は、力の能動と受動がそうであるように、受動的であるかのように装うことで男性をそそのかしているのではあるまいか。そうであれば、女性は私的な領域にとどまっているように見え、男性は公的にふるまっているかのように見えるけれども、これも実のところは、女性はたんにそのように装っているにすぎないのかもしれない。このことが、ヘーゲル弁証法の否定作用によって、意識の経験する歩みのなかで明らかにされる。

ヘーゲルの『精神現象学』を一ひねりすることができるとすれば、女性は、男性がそうではありえない「マイノリティー」（社会的弱者）の視点から、ヘーゲルが大文字で語る「絶対者」とか、メジャーな「学問」とかいう体系的な知識の根幹を切り崩す可能性をもっている。また、絶対知に到達したと思い込んでいる男性的な知識にはけっして見えてこない視点から、こうした知識の営みの根拠のなさを問い直すことも、かえって女性によってのみ可能となるだろう。

フェミニズムの立場からは、たんにヘーゲル哲学を断罪するのでも一蹴するのでもなく、現代的な視野から実り豊かにヘーゲル哲学を読み解くこともできるように思われる。このようにしてヘーゲル哲学を今日的な観点から鋭く切り込むと、これによってヘーゲル哲学を再生する新たな可能性も開かれてくるだろう。

推薦図書

・寄川条路編『ヘーゲルと現代思想』（晃洋書房、二〇一七年）。

ヘーゲル哲学から誕生した現代思想の潮流をたどる。十九世紀のデンマーク実存主義から、二十世紀のドイツ文化哲学へ、そして、アメリカのプラグマティズムを経て、二十一世紀の英米哲学へ。さらには、フランスの現代思想と欧米のフェミニズムへと展開していく。

第12章　ヘーゲルと現代社会

ヘーゲルと現代思想についての概観に続いて、ヘーゲル哲学がなおも影響を与えている現代社会をテーマ別に考察していこう。

まずは、テイラーの共同体主義をもとにアイデンティティと共同体の考察から出発し、つぎに、ルカーチの物象化論を手がかりにして変革主体の形成を追い、そして、哲学は宗教を克服するのかという問いから、現代哲学の脱宗教化を問い直す。さらにバトラーのアンティゴネー論をもとに女性の欲望と共同体との関係を見定め、ガブリエルの新実在論を使って世界の不在と絶対者の現在を再考し、現代の生命論をもとに語りうるものとしての生命にいたる。このように、テーマ別に現代社会を考察していくと、ヘーゲル哲学が影響を与え続けている現代社会のあらゆる側面を、一通り見渡すことができる。

加えて、ここから、ヘーゲル哲学が家族・市民社会・国家という近代的なシステムを超えて、現代社会においてこれからどのような影響を与えていくのかも見えてくる。ヘーゲル哲学を肯定的に受け入れるにしても、あるいは否定的に、それに反発していくにしても、現代社会の基本となるのは、西洋の近代社会を「学問の体系」として完成したヘーゲル哲学であることに変わりはない。この点を押さえながら、さらにそこから、将来において、私たちがどのような社会を築いていくのかを提示することにしたい。

ここでは、ヘーゲル哲学に決定的な影響を受けた現代社会が、まずは、どのように発展してきたのかを追っている。そしてそこから、どのような方向へさらに発展していくのかを見通している。では、手始めに、現代社会にとってもっともアクチュアリティのあるテーマから扱っていこう。以下、政治、経済、宗教、女性、思想、生命というようなテーマに従って、読み進めることができるようになっている。

1　アイデンティティと共同性――テイラーの共同体主義

カナダの政治哲学者テイラーは、共同体主義、多文化主義、承認をめぐる政治などを唱えた世界的に有名な論客であるが、テイラーを哲学界で一躍有名にしたのは、一九七一年に刊行された大著『ヘーゲル』であった。この著作は、形而上学的な観念論者、国家主義者といった、それ以前の英語圏で流布していた古いヘーゲル像を払拭しつつ、ヘーゲルの哲学を、個人と社会の対立をどのようにして和解にもたらすかという、近代社会に特有の課題を深く洞察した思想として再評価するものだった。

テイラーによれば、ヘーゲルは、近代の啓蒙主義に由来する主体がはらむ問題を的確に見抜いていたから、今日でもなおヘーゲル哲学はきわめて重要であり続けている。テイラーは、近代の自律的な主体を「自己規定する主体」と呼んでいるが、それは、自分自身を取り巻く環境とは関係なしに、自分の生き方や自らが従うべき規範を自分自身で決定しようとする主体のあり方を意味していた。この主体は、近代的な個人の自由を表現するものではあったが、こうした主観的な観念の広がりは、他面において、社会のうちに自らのよって立つ根拠を見いだせない状況をもたらした。また、このような疎外状況を克服し、社会を理性的に作り直そうとする絶対的な自由への願望は、その意図とは裏腹に、既存の社会を破壊し、社会の多種多様な構成要素を同質化することに帰着した。

テイラーは、こうした近代社会の困難を克服するために、自己規定する主体に置き換わる「状況づけられた主体」を探究していく。そして、そのためにこそ、ヘーゲルの精神の哲学に、その先駆的な意義を読み取ろうとする。とりわけ、テイラーは、ヘーゲルの客観的精神の概念を高く評価するが、それというのも、一つには、文化的共同体のなかの実践や制度のうちに、人々のアイデンティティを定義づける一定の理念が表現されているからであり、もう一つには、各人がアイデンティティを形成し、何らかの自己実現を果たすうえでは、社会のなかで営まれる公共生活への積極的な参加が必要不可欠だからである。

だが、テイラーはヘーゲルを全面的に支持しているわけではない。ヘーゲルの精神哲学は、人々の社会的・文化的な実践を客観的精神の表現として理解するところで完結するわけではなく、さらにその背後には、「絶対的精神」もしくは「宇宙的精神」とも呼ぶべき、絶対的な主体の存在論が控えているからである。しかし、そうした形而上学的な存在論が、今日では受け入れられないことも否定できない。それゆえ、テイラーが自らの人間学、道徳文化論、政治論などの論考のうちで取り組むのは、絶対的精神とか宇宙的精神とかいった形而上学的な原理を取り払いつつ、どのようにして状況づけられた主体を構想することができるのか、そして、どのようにして社会の多元性を擁護することができるのか、という課題である。

たしかに、テイラーの哲学的営為を単純にヘーゲル主義と呼ぶことはできない。状況づけられた主体の基本構図を描こうとするテイラーの人間学の議論も、西洋近代のうちに根ざす善の理念を掘り起こし、それを再生しようとする道徳文化論も、異なるアイデンティティをもつ者同士の対話と相互承認を求める方向へと進む多文化主義の議論も、いずれも哲学的解釈学の方法に依拠して行われている。しかしながら、テイラーが取り組んでいる問題はきわめてヘーゲル的であるともいえる。それは、近代という時代に特有な個人と社会の緊張関係を適切に把握し、両者を和解へと導く理路を探るという課題だからである。それゆえテイラーの思想は、ヘーゲル哲学が現代社会においてもなおアクチュアルな問題提起であることを証している。

では、つぎに、ヘーゲル哲学のもつアクチュアリティを政治的な側面から経済的な側面へと移していこう。

2 変革主体の形成——ルカーチの物象化論

二十世紀を代表するハンガリーのマルクス主義哲学者ルカーチは、人間の関係が商品や貨幣の姿をとる事態を「物象化」と表現した。物象化ということばは、マルクスの『資本論』に由来するのだが、ルカーチが『歴史と階級意識』（一九二三年）のなかでマルクス主義哲学の中心概念としてとらえ直したものである。

ルカーチの物象化論を、あらためて解釈し直そうとしたのが、現代ドイツのフランクフルト学派の社会哲学者ホネットである。ここから、二十世紀の資本主義社会の主要問題であった物象化論が、二十一世紀の現代社会のなかで承認論として再解釈されていく。それと同時に、ルカーチの物象化論のなかで主要な問題関心であった「変革主体」が、現代社会のなかであらためてとらえ返され、再浮上してくることになる。

ルカーチの構想を概観していくと、まず、物象化された商品社会に対するプロレタリアート(労働者階級)の意識が浮かび上がってくる。主体でありかつ客体であるという性格、つまりアイデンティティをもつプロレタリアートの意識を、ルカーチは物象化という資本主義社会に固有な現象のうちに見いだした。そうしたなかで、プロレタリアートは、自分のあり方やふるまいが、合理的な計算によって運動する商品社会の構造の一部になっていることを自覚して、歴史を創造する主体となる。そうであれば、プロレタリアートをブルジョアジーから分かつのは、商品社会のなかで「物」になるという否定的な状況を自分の本質として直視することができるのか、という点にかかってくる。

こうしたルカーチの基本的な問題設定を現代に生かす試みとして、ホネットによるルカーチの物象化論の承認論的な再構成と、それに対する批判もある。たしかに、ルカーチの分析からプロレタリアートの「静観」という物象化された態度を取り出すことはできるが、しかし、静観にもとづく中立的でニュートラルな認識よりも、ホネットのいうように、相互に「同感」しあう感情的な承認を優位のものとみなして、いわば「承認の忘却」として物象化を提示することもできる。だが、ホネットのいう承認論的再解釈に対しては、二つの方向から有効な批判がなされている。ディアク・クヴァドフリークのように、物象化のもつ肯定的な意義を指摘することもできるし、あるいは逆に、ジュディス・バトラーのように、承認そのものがもつ物象化的な性格を指摘することもできる。

ホネットの承認論への批判が可能であれば、承認論への批判を起点として、いったんはヘーゲルの

『精神現象学』に帰っていき、そこから、そのなかで展開されている「事象そのもの」を読み直すこともできるだろう。ルカーチは、のちの著作『若いヘーゲル』（一九四八年）の商品を分析したところで、ヘーゲルのいう「事象そのもの」を取り上げている。そこでは、客体としての事象が、主体へと移行する過程のなかで、あらためてとらえ直されて解釈されている。さらにそこから、物象化のなかで変革主体を形成していくという、ルカーチ自身の課題設定も浮かび上がってくる。そしてそのときには、その意義と限界もまた明らかになる。

ルカーチの物象化論を見据えてヘーゲルの『精神現象学』を読み直すとき、主体に対立する客体的な世界を克服する意識の意義が取り上げられる。しかし、こうした疎遠な世界の克服は、現代の社会では、客体的な世界そのものの変革への橋渡しという意味でも、つねに難しさをも伴っているように見える。

では、困難に直面しながらも、その難しさを克服していくヘーゲル哲学の強さを、脱宗教化するポストモダンの思想状況のなかで、伝統的な既成宗教から哲学的な議論への移行として考察してみよう。

3　哲学は宗教を克服するのか――現代哲学の脱宗教化

ドイツの文豪ゲーテは、『ヴィルヘルムマイスターの修行時代』（一七九六年）のなかで、ある目的を達成するために大切なものを引き渡すという意味で、犠牲ということばを用いていた。ここでゲーテは、犠牲ということばを脱宗教化して、積極的に人生のあるべき姿を論じている。そして今日の私たちも、ある目的のために何ものかを犠牲にするとき、この用法を何げなく使用している。しかし、哲学の議論としては、ことばの問題をたんなる用法として片づけるわけにはいかない。それはたとえば、ドイツの社会哲学者ハーバーマスが指摘するように、現代社会が伝統とのつながりをもっていても、私たちはそのつながりをつよく意識して反省していかなければならないからである。

ヘーゲルに先立って、カントはすでに宗教的なイメージを道徳へと純化させ、今日でいう哲学的宗教論を準備していた。たしかにカントは、しばしば道徳を宗教のことばへ変換し、宗教を道徳のことばへ変換していた。しかしヘーゲルは、宗教の伝統を哲学へと吸収するように、カントが蔑視した「祭祀」という宗教的な行為を哲学的な議論の中心に据えて考察していく。そしてその成果の一つとして生まれてきたのが、『一八〇〇年の体系断片』と呼ばれているヘーゲル初期草稿である。ここでヘーゲルは、客体的な現象のうちに主体的な意味を読み取って、祭祀＝供犠論を展開していく。

ハーバーマスもまた、ヘーゲルを引き受けながら独自の哲学を築き上げてきたが、そのモチーフは、基本的なところではまだ、ヘーゲル的な宗教哲学を背景にして成り立っていた。それはたとえば、ヘーゲルとは無関係に見えるドイツの哲学者シェーラーや、オーストリアの精神分析学者フロイトもそうであったのと同様である。いずれも、ヘーゲルのように、人間の欲望を軸に据えて祭祀論を組み立てているから、こうした意味でも、現代社会が人間の欲望をどこまでも基本に据えているかぎり、ヘーゲルの祭祀＝供犠論もまた、再検討の必要とその価値があるといえる。

しかもそれは、現代社会のなかでは、祭祀＝供犠論となって、つぎのような問いを伴って現れてくる。すなわち、神を抜きにして、供犠に代わるものが人間にはあるのだろうか、という問いである。この問いはすでに、アメリカの哲学者ジェイムズが発していたものだった。ポスト宗教の世界は、フロイトを生み出し、シェーラーを規定していたが、さらにはハーバーマスがいうように、ハイデガーの哲学的思索のなかにも、終末論の予感を見て取ることができる。

そうはいっても、現代の社会では、ハーバーマスでさえ宗教の枠組みや供犠の構図から解放されているのかどうか、これもまた疑わしいところである。たしかに、哲学の脱宗教化は、カントが試みて以来、今日にいたるまで問題であったし、またいまでもそうである。しかし、フランスのポストモダンの哲学者デリダが、「供犠のない宗教は考えられない」と語っていたように、私たちにはむしろ、「供犠を考えない哲学はありうるのだろうか」という問いも残されているように思われる。

では、現代社会に生きる私たちは、より高い目的のために、自己を犠牲にすることができるのだろうか。

4 女性の欲望と共同体——バトラーのアンティゴネー論

フェミニズムの代表的論者であり、ヘーゲル哲学の研究者でもあるバトラーは、『アンティゴネーの主張』（二〇〇〇年）のなかで、ヘーゲル批判を積極的に展開している。ここで、バトラーのヘーゲル批判を参考にしながら、ヘーゲルが男性社会の掟に対して女性の欲望と犯罪をどのように論じていたのかを検討しておこう。

まず、ヘーゲルが『精神現象学』の「精神」のところで扱っているアンティゴネーを見ていくと、そこでは、ソフォクレスのギリシア悲劇『アンティゴネー』が紹介されており、それがどのように解釈されていたのかも明らかになる。とりわけ重要なのは、ヘーゲルがギリシア悲劇に見られる「人倫」のなかでの女性のあり方として提示した、夫や子どもに対して、この夫あるいはこの子どもにではなく、夫一般あるいは子ども一般にかかわるという規定であり、兄と妹のあいだの関係には欲望が介在しないという理解である。

つぎに、バトラーの『アンティゴネーの主張』が、どのようにヘーゲルの解釈を批判しているのかを確認しておこう。バトラーは、アンティゴネーが「神々の掟」に違反していることを指摘したうえで、そこに「近親姦」の可能性を見て取った。さらに、兄と妹との関係には欲望が介在しないとするヘーゲルの解釈に注目し、ここにヘーゲルが自らの承認論の構想を裏切るかたちで、まさにこの近親姦の可能性を抑圧あるいは隠蔽していると指摘している。つまり、『精神現象学』の「自己意識」のところでは、欲望を承認の原理としていたのに対し、「精神」のところでは、兄と妹のあいだに欲望がないことを相互承認の条件としていると、バトラーはヘーゲルを批判する。

バトラーのこうしたヘーゲル批判は、そもそも、正当なものだろうか。まずここでは、バトラーのヘーゲル批判から、ヘーゲル『精神現象学』におけるアンティゴネー解釈を再検討していこう。ヘーゲルは『法の哲学』のなかで「不法」について論じているが、ここから明らかになるのは、ヘーゲルはアンティゴネーの主張のなかに「詐欺」を見ていた、ということである。つまり、ヘーゲルの解釈では、アンティゴネーは「神々の掟」を偽って使い、兄を埋葬するという自らの個人的な意志を成し遂げた、ということである。

一見したところ、アンティゴネーは、死者一般の埋葬を義務とする「神々の掟」に従っているように見える。しかし、実のところ、その掟は、適用範囲を親族一般へと拡張することはできず、兄ポリュネイケースとのあいだにのみ適用可能な近親姦のルールにほかならなかった。それゆえ、アンティゴネーは、「人間の掟」に背いて兄を埋葬することを正当化するために、神々に従いつつ神々をだましていたのであり、だからこそ罪責を負わざるをえなかったのである。

ここから、ヘーゲルが女性の欲望と共同体の再生産との関連をどのように理解していたのかも明らかになる。ヘーゲルによれば、ギリシア悲劇『アンティゴネー』のなかで、家族を代表するアンティゴネーと共同体を代表するクレオーンの没落は、「神々の掟」への女性の違反によって引き起こされる。ところが、ヘーゲルが『アンティゴネー』から引き出したのは、共同体が再生産されるためには、女性は近親姦的な欲望を禁止されているのみならず、血のつながりのない男性に対しては無差別に欲望しなければならない、という洞察であった。つまりこれは、女性の欲望を人倫のもとで規制して管理している「神々の掟」が、女性の死を賭した違反によって破られるとき、「人間の掟」に帰属する男性主体の共同体の没落もまた引き起こされる、ということである。

したがって、現代社会におけるヘーゲル哲学の意義は、女性の欲望がどのように統制されているのかという観点から、共同体の再生産の原理を解明した点に認められるといってもよいだろう。もしもそうだとすれば、私たちの生き方を規定している社会や、私たちの存在を規定している世界は、いったい全体、どのような仕組みでできあがっているのだろうか。

5 世界の不在と絶対者の現在——ガブリエルの新実在論

現代の思想潮流のなかで、いまもっともホットな思想の一つは、ガブリエルの新実在論であろう。それは、「あらゆるものは存在するが、あらゆるものを規定する全体、つまり〈世界〉だけは存在しない」という独特の主張で知られている。ガブリエルのこのような主張の哲学的意義を、ヘーゲル哲学との連関において明らかにしてみると、現代世界のどのような姿が現れてくるだろうか。

まず、ヘーゲルの絶対的観念論とガブリエルの新実在論のあいだには、二つの共通点と一つの相違点がある。ガブリエルが「世界」ということばで理解しているものは、ヘーゲルのいう「絶対者」と同じものである。そして、ガブリエルは「領域存在論」と呼ばれる独特の理論によって、世界すなわち絶対者が存在しないことを論証するのに対して、ヘーゲルは哲学体系によって、絶対者すなわち世界が存在することを論証する。しかしそうはいっても、ガブリエルの領域存在論は、絶対者の自己構成というヘーゲル哲学の体系的な方法に依拠しており、それを前提することではじめてヘーゲルを批判することができる。これらの連関を示すことで、ガブリエルの新実在論が、絶対者である世界に対するドイツ観念論的なアプローチに新たな光を当てることにもなり、とりわけてヘーゲル哲学に顕著な理論的方法論に新たな可能性を開いていくことにもなる。

では、新実在論の基本的な内容を確認しておこう。一般に、近代哲学において実在論は観念論の対義語とされてきた。しかし、新実在論の場合はそうではない。新実在論の考え方は、たとえば、カント批判哲学やフッサール現象学、ポストモダン思想のように、あらゆるものを超越論的主観やエクリチュールといった主観に還元し、それだけを真に存在するものと主張するものではない。また、カント以前の形而上学や唯物論のように、あらゆるものを物や自然といった客観に還元するのでもない。それは、主観と客観のどちらも同等に存在すると主張する点で、さらには、いかなる存在者も真に存在すると主張する点で、新しい実在論なのである。

つぎに、ガブリエルの新実在論の方法論である領域存在論を概観しておこう。領域存在論には二つの基本概念がある。一つは、無限に多様で多層的な領域という概念であり、もう一つは、何らかの領域における現象として解釈される現実存在の概念である。二つの概念を踏まえると、一方で、どのような存在も何らかの領域のなかで現象するのだから、「あらゆるものは存在する」といえるし、しかし他方で、あらゆる領域を含む「最高の領域」すなわち「世界」は、それが現象する、より高い領域をもたないのだから、原理的に「存在する」とはいえない。

このように新実在論の主張と方法論を押さえてみると、ガブリエルによるヘーゲル解釈の要点が見えてくる。ガブリエルは、ヘーゲル論理学の現実性から精神哲学の絶対精神へといたる理論的展開のなかに、「規定の総体」である絶対者が自己を構成していき、そして自己を知ることになる過程と構造を見て取った。そこから、ヘーゲルが哲学体系を絶対者とみなしていたこと、つまり「最高の領域」としての「世界」の規定とみなしていたことを指摘する。しかし、ガブリエルの領域存在論によれば、存在するものの全体である世界そのものは規定されないのだから、実際には、ヘーゲルは絶対者を規定していないことになる。

このように、ガブリエルによるヘーゲル批判の主旨を明確にすると、その妥当性を検討するだけでなく、反対に、ガブリエルの新実在論の意義を見極めることもできるだろう。たしかに、ガブリエルの批判は正当なものであるものの、その批判そのものは、世界すなわち絶対者に対するヘーゲル的なアプローチ抜きには成り立ちえない。ガブリエルの新実在論は、ヘーゲルの哲学体系を再構成した階層理論的な方法論に依拠しているのであって、それゆえ、実際のところは、ガブリエルは自分が批判する相手の土俵の上で自分の立場を主張していることになる。そうであれば、ここから、新実在論による論証方法は、とりわけヘーゲルに顕著な世界に対するドイツ観念論的なアプローチに光を投げかけることにもなるだろう。

では、最後に、私たちが生きている世界を反省するためにも、現代の生命をめぐる議論を取り上げておこう。

6 語りうるものとしての生命──現代の生命論

現代の社会において、生命倫理、医療倫理、環境倫理といった生命をめぐる一連の議論は、かつてのような勢いを失ってきたように見える。実際のところ、倫理的な問題をめぐる議論は、勢いを失っているのだろうか。あるいは、生命の当事者である私たち自身が、いまここに生きているという事実と結びつけて、生命について論じることが少なくなってきたから、そう見えているだけなのだろうか。

現代倫理学の源泉を探っていくと、私たちはドイツ観念論を超えて、近代の自然科学とロマン主義との対立にまでたどり着くことになる。というのも、自然科学とロマン主義のいずれの立場も、生命を語りえないものとすることによって、私たちが生きているという事実からかけ離れたところで生命を論じてきたからである。それに対して、生命を語りえないものとする言説を乗り越えようとしたのが、まさにヘーゲルの生命論であったといえる。

ヘーゲルの生命論の特徴は、生命を理念としてとらえる点にあるが、いったいヘーゲルの哲学において理念とは何であろうか。それは独特の意味で用いられているので、ここでヘーゲル哲学の基本概念を確認しておこう。まずは、統一された状態があって、そこに区別や対立が生じ、そして乗り越えられていく。こうしてふたたび統一が回復される過程において現れるのが、ヘーゲルのいう理念である。ヘーゲルの生命論では、このような過程は、独特の意味で論じられる概念の運動であり、すなわち、普遍・特殊・個別という、三つの段階を経て展開するプロセスであった。

理念としての生命は、いわば生命の原理であり、直接的には、私たちの目の前に見いだされる生命体である。つまりそれは、生きている個体なのである。生命の原理は、それ自体としては、機械的・化学的な存在である身体を通して、外部から取り入れられたものや、外にある世界と対立しながら、それとの対立を乗り越えていく。このようにして生きている個体が生命を維持していること、つまり、まさに生きているというこのプロセスこそが、理念としての生命の現れにほかならない。

そしてさらに、生きている個体は、他の生きている個体とのかかわりを通してより大きな類を維持していく。大きな類を維持することも一つのプロセスなのである。ともすれば、たんなる抽象の産物と思われる類も、個体が生命を維持することで成り立っている。これはまた、逆にいえば、個体が類を維持することによって新たな個体が生みだされることでもある。ヘーゲルのこうした有機的な思想は、現代の生命をめぐる議論の前提そのものを問い直すものなのである。

最後に、ヘーゲルの議論から少し離れつつ、理念の自己認識ということについて考えてみよう。それはまさに、生きている個体であり生命の当事者である私たち人間の一人ひとりが、類である生命そのものをどのようにとらえるのかという問題であり、きわめて現代的な問題だからである。今日的な観点からヘーゲル哲学へと鋭く切り込むことによって、ヘーゲル哲学を再生する新たな可能性も開かれてくるだろう。

推薦図書

・寄川条路編『ヘーゲルと現代社会』(晃洋書房、二〇一八年)。

ヘーゲル哲学を再生する新たな可能性はあるか。二十一世紀の現代社会に生きるヘーゲル哲学を展望する。新自由主義から共同体主義へ、人間をモノ扱いする社会、脱宗教化する哲学、フェミニズムとジェンダー、新しい実在論と現代の生命論。あらゆる社会問題に切り込む実践の書である。

文献案内

最後の最後に、ヘーゲル哲学を学ぶうえで必要となる文献を紹介しておこう。つぎに示すのは、基本文献と参考文献のうち、比較的新しいものを中心に、書店または図書館で入手しやすいものを選び、文献案内としてまとめたものである。

一　ドイツ語の基本文献

・ベルリン版『ヘーゲル全集』(ドゥンカー&フンブロート社、一八三二年〜一八四五年)。

G. W. F. Hegel, *Werke. Vollständige Ausgabe*, Berlin: Duncker und Humblot, 1832-1845.

ヘーゲル学派によって編集された最初の『ヘーゲル全集』であり、全十八巻からなる。これに補巻の書簡集が付いている。歴史的な価値はあるが、テキストとしては不正確であり、あまり信頼できない。

・ズーアカンプ版『ヘーゲル全集』(ズーアカンプ社、一九六九年〜一九七一年)。

G. W. F. Hegel, *Werke in 20 Bänden*, Frankfurt: Suhrkamp, 1969-1971.

ベルリン版『ヘーゲル全集』をもとに、グロックナー版などを参照して読みやすく編集し直した選集である。新書サイズの全集であり、全二十巻に索引が付く。CD版やオンライン版もある。安価で入手しやすいが、編者の手が入っているので、用心して読んでほしい。

・アカデミー版『ヘーゲル全集』(マイナー社、一九六八年〜現在)。

G. W. F. Hegel, *Gesammelte Werke*, Hamburg: Meiner, 1968-.(= GW)

当時の正書法に従って正確に再現した校訂版である。研究者用であって一般読者向きではない。読みづらくはあるが、テキストとしての信頼度は高い。第一部「著作集」(第一巻から第二十二巻)はすでに完結している。第二部「講義録」(第二十三巻から第三十巻)は刊行中であり、これにヘーゲルの「蔵書目録」(第三十一巻)が付く。まず、第一部「著作集」を挙げておく。

GW 1: *Frühe Schriften I*, hrsg. von Friedhelm Nicolin und Gisela Schüler, 1989.
GW 2: *Frühe Schriften II*, hrsg. von Walter Jaeschke, 2014.
GW 3: *Frühe Exzerpte (1785-1800)* , hrsg. von Friedhelm Nicolin und Gisela Schüler, 1991.
GW 4: *Jenaer kritische Schriften*, hrsg. von Hartmut Buchner und Otto Pöggeler, 1968.
GW 5: *Schriften und Entwürfe (1799-1808)* , hrsg. von Manfred Baum und Kurt Rainer Meist, 1998.
GW 6: *Jenaer Systementwürfe I*, hrsg. von Klaus Düsing und Heinz Kimmerle, 1975.
GW 7: *Jenaer Systementwürfe II*, hrsg. von Rolf-Peter Horstmann und Johann Heinrich Trede, 1971.
GW 8: *Jenaer Systementwürfe III*, hrsg. von Rolf-Peter Horstmann und Johann Heinrich Trede, 1976.
GW 9: *Phänomenologie des Geistes*, hrsg. von Wolfgang Bonsiepen und Reinhard Heede, 1980.
GW 10: *Nürnberger Gymnasialkurse und Gymnasialreden (1808-1816)* , hrsg. von Klaus Grotsch, 2006.
GW 11: *Wissenschaft der Logik. Erster Band. Die objektive Logik (1812/13)* , hrsg. von Friedrich Hogemann und Walter Jaeschke, 1978.
GW 12: *Wissenschaft der Logik. Zweiter Band. Die subjektive Logik (1816)* , hrsg. von Friedrich Hogemann und Walter Jaeschke, 1981.
GW 13: *Enzyklopädie der philosophischen Wissenschaften im Grundrisse (1817)* , hrsg. von Wolfgang Bonsiepen und Klaus Grotsch, 2001.
GW 14: *Grundlinien der Philosophie des Rechts*.
- GW 14/1: *Naturrecht und Staatswissenschaft im Grundrisse*, hrsg. von Klaus Grotsch und Elisabeth Weisser-Lohmann, 2009.
- GW 14/2: *Beilagen*, hrsg. von Klaus Grotsch und, Elisabeth Weisser-Lohmann, 2010.
- GW 14/3: *Anhang*, hrsg. von Klaus Grotsch und Elisabeth Weisser-Lohmann, 2012.

GW 15: *Schriften und Entwürfe I (1817-1825)* , hrsg. von Friedrich Hogemann und Christoph Jamme, 1990.

GW 16: *Schriften und Entwürfe II*（*1826-1831*）, hrsg. von Friedrich Hogemann, 2001.

GW 17: *Vorlesungsmanuskripte I*（*1816-1831*）, hrsg. von Walter Jaeschke, 1987.

GW 18: *Vorlesungsmanuskripte II*（*1816-1831*）, hrsg. von Walter Jaeschke, 1995.

GW 19: *Enzyklopädie der philosophischen Wissenschaften im Grundrisse*（*1827*）, hrsg. von Wolfgang Bonsiepen und Hans Christian Lucas, 1989.

GW 20: *Enzyklopädie der philosophischen Wissenschaften im Grundrisse*（*1830*）, hrsg. von Wolfgang Bonsiepen und Hans Christian Lucas, 1992.

GW 21: *Wissenschaft der Logik. Erster Band. Die Lehre vom Sein*（*1832*）, hrsg. von Friedrich Hogemann und Walter Jaeschke, 1984.

GW 22: *Exzerpte und Notizen*（*1809-1831*）, hrsg. von Klaus Grotsch, 2013.

つぎに、『ヘーゲル全集』第二部「講義録」を挙げておく。講義録は、複数の受講者が複数の学期に記録しているため、科目ごとに分冊になって出版されている。

GW 23: *Vorlesungen über die Wissenschaft der Logik*.

- GW 23/1: *Nachschriften zu den Kollegien der Jahre 1801/02, 1817, 1823, 1824, 1825 und 1826*, hrsg. von Annette Sell, 2013.
- GW 23/2: *Nachschriften zu den Kollegien der Jahre 1828, 1829 und 1831*, hrsg. von Annette Sell, 2015.
- GW 23/3: *Sekundäre Überlieferung. Anhang*, hrsg. von Annette Sell, 2017.

GW 24: *Vorlesungen über die Philosophie der Natur*.

- GW 24/1: *Nachschriften zu den Kollegien der Jahre 1819/20, 1821/22 und 1823/24*, hrsg. von Wolfgang Bonsiepen, 2012.
- GW 24/2: *Nachschriften zu den Kollegien der Jahre 1825/26 und 1828*, hrsg. von Niklas Hebing, 2014.
- GW 24/3: *Zusätze*, hrsg. von Niklas Hebing, 2016.

GW 25: *Vorlesungen über die Philosophie des subjektiven Geistes*.
- GW 25/1: *Nachschriften zu den Kollegien der Jahre 1822 und 1825*, hrsg. von Christoph Johannes Bauer, 2008.
- GW 25/2: *Nachschriften zu dem Kolleg des Wintersemesters 1827/28 und Zusätze*, hrsg. von Christoph Johannes Bauer, 2012.
- GW 25/3: *Anhang*, hrsg. von Christoph Johannes Bauer, 2016.

GW 26: *Vorlesungen über die Philosophie des Rechts*.
- GW 26/1: *Nachschriften zu den Kollegien der Jahre 1817/18, 1818/19 und 1819/20*, hrsg. von Dirk Felgenhauer, 2014.
- GW 26/2: *Nachschriften zu den Kollegien der Jahre 1821/22, 1822/23*, hrsg. von Klaus Grotsch, 2015.
- GW 26/3: *Nachschriften zu den Kollegien der Jahre 1824/25 und 1831*, hrsg. von Klaus Grotsch, 2015.
- GW 26/4: *Anhang*, hrsg. von Klaus Grotsch, 2018.

GW 27: *Vorlesungen über die Philosophie der Weltgeschichte*.
- GW 27/1: *Nachschriften zu dem Kolleg des Wintersemesters 1822/23*, hrsg. von Bernadette Collenberg-Plotnikov, 2015.
- GW 27/2: *Nachschriften zu dem Kolleg des Wintersemesters 1824/25*, hrsg. von Walter Jaeschke und Rebecca Paimann, 2018.

GW 28: *Vorlesungen über die Philosophie der Kunst*.
- GW 28/1: *Nachschriften zu den Kollegien der Jahre 1820/21 und 1823*, hrsg. von Niklas Hebing, 2015.
- GW 28/2: *Nachschriften zu dem Kolleg des Sommersemesters 1826*, hrsg. von Niklas Hebing, 2016.

GW 29: *Vorlesungen über die Philosophie der Religion und Vorlesungen über die Beweise vom Dasein Gottes*.
- GW 29/1: *Nachschriften zu den Kollegien über Religionsphilosophie der Sommersemester 1821 und 1824*,

hrsg. von Walter Jaeschke und Manuela Köppe, 2017.

GW 30: *Vorlesungen über die Geschichte der Philosophie*.

- GW 30/1: *Nachschriften zu den Kollegien der Jahre 1819 und 1820/21*, hrsg. von Klaus Grotsch, 2016.
- GW 30/2: *Nachschriften zu dem Kolleg des Wintersemesters 1823/24*, hrsg. von Klaus Grotsch, 2018.

GW 31: *Die Bibliothek Georg Wilhelm Friedrich Hegels*.

- GW 31/1: *Abteilungen I-III*, hrsg. von Manuela Köppe, 2017.
- GW 31/2: *Abteilungen IV-IX. Anhang*, hrsg. von Manuela Köppe, 2017.

『ヘーゲル全集』の第二部「講義録」には、アカデミー版に先立って刊行された、試行版『ヘーゲル講義録選集』もある。

・試行版『ヘーゲル講義録選集』全十七巻（一九八三年〜二〇一四年）。

G. W. F. Hegel, *Vorlesungen. Ausgewählte Nachschriften und Manuskripte*, Hamburg: Meiner, 1983-2014.

1: *Vorlesungen über Naturrecht und Staatswissenschaft, Heidelberg 1817/18. Mit Nachträgen aus der Vorlesung 1818/19. Nachgeschrieben von P. Wannenmann*, 1983.

2: *Vorlesungen über die Philosophie der Kunst, Berlin 1823. Nachgeschrieben von H. G. Hotho*, 1998.

3: *Vorlesungen über die Philosophie der Religion, Teil 1, Einleitung. Der Begriff der Religion*, 2014.

4: *Vorlesungen über die Philosophie der Religion, Teil 2, Die bestimmte Religion*, 1985.

5: *Vorlesungen über die Philosophie der Religion, Teil 3, Die vollendete Religion*, 1984.

6: *Vorlesungen über die Geschichte der Philosophie, Teil 1, Einleitung in die Geschichte der Philosophie. Orientalische Philosophie*, 1994.

7: *Vorlesungen über die Geschichte der Philosophie, Teil 2, Griechische Philosophie, I. Thales bis Kyniker*, 1989.

8: *Vorlesungen über die Geschichte der Philosophie, Teil 3, Griechische Philosophie, II. Plato bis Proklos*,

1996.

9: *Vorlesungen über die Geschichte der Philosophie, Teil 4, Philosophie des Mittelalters und der neueren Zeit*, 1986.

10: *Vorlesungen über die Logik, Berlin 1831. Nachgeschrieben von Karl Hegel*, 2001.

11: *Vorlesungen über Logik und Metaphysik, Heidelberg 1817. Mitgeschrieben von Franz Anton Good*, 1992.

12: *Vorlesungen über die Philosophie der Weltgeschichte, Berlin 1822/23. Nachschriften von Karl Gustav Julius von Griesheim, Heinrich Gustav Hotho und Friedrich Carl Hermann Victor von Kehler*, 1996.

13: *Vorlesung über die Philosophie des Geistes, Berlin 1827/1828. Nachgeschrieben von Johann Eduard Erdmann und Ferdinand Walter*, 1994.

14: *Vorlesungen über die Philosophie des Rechts, Berlin 1819/20. Nachgeschrieben von Johann Rudolf Ringier*, 2000.

15: *Vorlesungen über philosophische Enzyklopädie, Nürnberg 1812/13. Nachschriften von Christian Samuel Meinel und Julius Friedrich Heinrich Abegg*, 2002.

16: *Vorlesungen über die Philosophie der Natur, Berlin 1819/20. Nachgeschrieben von Johann Rudolf Ringier*, 2002.

17: *Vorlesungen über die Philosophie der Natur, Berlin 1825/26. Nachgeschrieben von Heinrich Wilhelm Dove*, 2007.

なお、アカデミー版『ヘーゲル全集』の第一部「著作集」の一部は、つづり方を現代風に改めて、同じマイナー社の哲学文庫版に収録されている。

・哲学文庫版（マイナー社、一九七九年～現在)。

G. W. F. Hegel, *Philosophische Bibliothek*, Hamburg: Meiner, 1979-.

アカデミー版『ヘーゲル全集』をもとに、歴史的な正書法を現代風に改めた廉価版である。読みやすくなっているので、ドイツ語でヘーゲルの作品を読んでみたい人にお勧めしたい。全集のすべてを収録しているわけではないが、内容はアカデミー版とほとんど変わらない。

二　日本語の基本文献

・岩波書店版『ヘーゲル全集』全三十二巻（岩波書店、一九三一年〜二〇〇一年）。

ベルリン版『ヘーゲル全集』をもとにした日本語の翻訳である。ヘーゲル死後百周年を記念して刊行が開始され、一九九四年から既刊二十五冊を復刊し、新刊五冊を刊行して二〇〇一年に完結した。全集と銘打っているが、実際のところは選集である。オリジナルのテキストが定まらず、全体としてのまとまりがない。原典になったヘーゲルのテキストそのものに問題があるので、アカデミー版『ヘーゲル全集』をもとにした日本語版『ヘーゲル全集』の出版を期待したい。

第一巻『小論理学』真下信一ほか訳、一九九六年。
第二巻『自然哲学』加藤尚武訳、一九九八年〜一九九九年。
第三巻『精神哲学』船山信一訳、一九九六年。
第四巻『精神の現象学』（上）金子武蔵訳、一九九五年。
第五巻『精神の現象学』（下）金子武蔵訳、一九九五年。
第六巻『大論理学』（上）武市健人訳、一九九四年。
第七巻『大論理学』（中）武市健人訳、一九九四年。
第八巻『大論理学』（下）武市健人訳、一九九五年。
第九巻『法の哲学』上妻精ほか訳、二〇〇〇年〜二〇〇一年。
第十巻『歴史哲学』武市健人訳、一九九五年。
第十一巻『哲学史』（上）武市健人訳、一九九六年。
第十二巻『哲学史』（中1）真下真一訳、一九九六年。

第十三巻『哲学史』(中2) 宮本十蔵ほか訳、二〇〇一年。
第十四巻『哲学史』(下) 藤田健治訳、一九九六年〜一九九七年。
第十五巻『宗教哲学』(上) 木場深定訳、一九九五年。
第十六巻『宗教哲学』(中) 木場深定訳、一九九五年。
第十七巻『宗教哲学』(下) 木場深定訳、一九九五年。
第十八巻『美学』(1) 竹内敏雄訳、一九九五年。
第十九巻『美学』(2) 竹内敏雄訳、一九九五年〜一九九六年。
第二十巻『美学』(3) 竹内敏雄訳、一九九六年。

・廣松渉・加藤尚武編訳『ヘーゲル・セレクション』(平凡社、二〇一七年)。
ヘーゲルの哲学体系を広く見渡すことができるよう、多くの作品からポイントとなる箇所を抜き出して独自に訳出したアンソロジー(抄訳集)である。初期の作品は収録されていないが、ヘーゲルの巨大な哲学体系を概観する最良の入門書である。巻末にある文献案内も役に立つ。

三 参考文献

ヘーゲルについての書物は、これまでにも数多く出版されている。そのなかから、比較的新しくて読みやすいものをいくつか挙げておく。なお、書誌情報は、加藤尚武ほか編『ヘーゲル事典』(弘文堂、一九九二年)、日本ヘーゲル学会編『ヘーゲル哲学研究』(こぶし書房)、日本ヘーゲル学会のホームページにある「ヘーゲル日本語文献目録」にもある。

・ヴァルター・イェシュケ『ヘーゲルの宗教哲学』岩波哲男訳(早稲田大学出版部、一九九〇年)。
ヘーゲルの宗教・神学上の関心を整理して、思考過程の変遷を跡づける。

・ヴァルター・イェシュケほか編『初期観念論と初期ロマン主義――美学の諸原理を巡る論争(一七九五―一八〇五年)』相良憲一ほか監訳(昭和堂、一九九四年)。
一八〇〇年ころのドイツにおける知的革命から近代化のプロセスを明らかにする。

・ヴァルター・イェシュケ編『論争の哲学史――カントからヘーゲルへ』高山守ほか監訳(理想社、二〇〇一年)。

一八〇〇年ころの美学・哲学・宗教・文学・政治をめぐる論争を再構成したもの。
・ヴァルター・イェシュケ『ヘーゲルハンドブック』神山伸弘ほか訳（知泉書館、二〇一六年）。ヘーゲルの生涯と作品を発展史的・体系的に叙述した最新のガイドブック。テキストの詳細な分析に年表と文献が付き、ヘーゲルの著作の発展を概観し、体系的な問題をすべて網羅している。文献学的で歴史学的な研究の立場からテキストを批判し、発展史から概念史まで、背景事情から影響史まで、最新の研究成果にもとづいて、バランスのよい解釈を提示している。大部な本であり研究者向けの概説書である。
・リヒャルト・クローナー『ドイツ観念論の発展――カントからヘーゲルまで』（1・2）上妻精監訳（理想社、一九九八年、二〇〇〇年）。
カントからフィヒテとシェリングを経てヘーゲルへいたる、ドイツ観念論の発展を図式化した古典的名著である。
・ヴィルヘルム・ディルタイ『ヘーゲルの青年時代』久野昭ほか訳（以文社、一九七六年）。
若いヘーゲルの青春の哲学を精神史的に再構成する不朽の名作である。青年時代のヘーゲルの関心は、宗教と政治と哲学であり、そのなかでもとくにユダヤ教からキリスト教を中心とする宗教史と神学研究だった。『ディルタイ全集』第八巻『近代ドイツ精神史研究』（法政大学出版局、二〇一〇年）にも収録されている。
・ニコライ・ハルトマン『ドイツ観念論の哲学（第一部）――フィヒテ、シェリング、ロマン主義』村岡晋一監訳（作品社、二〇〇四年）。
カントからヘーゲルへの展開をとらえ直して、ドイツ観念論の全容を解き明かす。カント哲学との対決を通して哲学の根本問題を探究し、さらには超克していくドイツ観念論を丹念にたどった古典的名著である。
・オットー・ペゲラー編『ヘーゲルの全体像』谷嶋喬四郎監訳（以文社、一九八八年）。
ドイツのボーフム大学にあるヘーゲル文庫の研究者たちが、それぞれの専門分野を分担して執筆した、ヘーゲル哲学への入門書である。ドイツのヘーゲル研究とヘーゲル哲学の全体を知るための最良の書である。全体的展望と各テーマの解説からなり、発展史研究の代表作である。『ヘーゲル全集』の第一部「著作集」を見渡すことができる。
・オットー・ペゲラー編『ヘーゲル講義録研究』寄川条路監訳（法政大学出版局、二〇一五年）。
ドイツのヘーゲル文庫で編集されている雑誌『ヘーゲル研究』の特集号「ヘーゲル講義録」の翻訳である。これまでヘーゲル学派によって恣意的に編集されていた講義録を見直し、再編集を迫った論集であり、今後の研究の土台をなす不可欠の資料である。『ヘーゲル全集』の第二部「講義録」を見渡すことができる。

・ディーター・ヘンリッヒ『ヘーゲル哲学のコンテクスト』中埜肇監訳（哲書房、一九八七年）。

ヘルダーリンの合一哲学からヘーゲル哲学の誕生を説き起こした、コンステレーション（思想の配置）研究の代表作といえる。

・ディーター・ヘンリッヒほか『続・ヘーゲル読本――翻訳篇／読みの水準』加藤尚武ほか編訳（法政大学出版局、一九九七年）。

ドイツの思想家やヘーゲル研究者たちは、ヘーゲル哲学をどのようにとらえ、論じているのか。ヘーゲルの理解の助けとなり新しい知見を与えてくれる優れた論文を選んで翻訳したもの。

・クリストフ・ヤメほか編『ヘーゲル、ヘルダーリンとその仲間――ドイツ精神史におけるホンブルク』久保陽一訳（公論社、一九八五年）。

ドイツ思想史のなかでヘーゲル哲学の誕生を解明する、コンステレーション研究の一例である。

・フランツ・ローゼンツヴァイク『ヘーゲルと国家』村岡晋一・橋本由美子訳（作品社、二〇一五年）。

ルソーとフランス革命の影響のもと、国家に対する自由を志向した青年時代から、理性と現実の調和と融合に苦闘する晩年まで、国民国家の形成に伴う国家哲学の変生を究明する古典的名著である。近代国家の成立と国家論の変容を探る。

・合澤清・滝口清栄編『ヘーゲル――現代思想の起点』（社会評論社、二〇〇八年）。

若いころのヘーゲルの思索が結晶した『精神現象学』の刊行から二〇〇年、現代思想にとって豊かな知的源泉である同書をめぐる論文集である。ドイツ、フランス、イタリア、アメリカ、日本のヘーゲル研究を紹介している。

・伊坂青司『ヘーゲルとドイツ・ロマン主義』（御茶の水書房、二〇〇〇年）。

哲学的巨人にまで成長していくヘーゲルの実像を、ドイツ・ロマン主義との関わりを通して、とりわけ青年時代をともに過ごしたヘルダーリンやシェリングとの関わりを軸にして、思想形成期から哲学体系の構築にいたる哲学的道程のプロセスにたどる。愛、神、精神などの問題群から、ヘーゲル哲学の成長過程が浮かび上がる。

・今村仁司・座小田豊編『知の教科書――ヘーゲル』（講談社、二〇〇四年）。
ヘーゲル哲学の壮大な体系の見取り図を示す「知の教科書」である。ヘーゲルは哲学の歴史的展開を完遂することによって、ギリシア以来の西洋哲学を完成し、現代思想の豊かな源泉となった。

・海老澤善一『対話　ヘーゲル『大論理学』』（梓出版社、二〇一二年）。
西洋哲学史上もっとも難解な本であるヘーゲル『大論理学』を、形而上学と弁証法をキーワードとして、存在の終わりなき旅路という対話形式でわかりやすく描き出している。『大論理学』のあらすじを楽しく読み通すことができるように工夫されている。

・海老澤善一『ヘーゲル『大論理学』』（晃洋書房、二〇一四年）。
ヘーゲルの『大論理学』がフランス革命とキリスト教という二つの動機によって執筆されたことを解説する。「哲学書概説シリーズ」のなかの一冊で、難解で知られる『大論理学』の解説本としては秀逸である。理念と呼ばれる神が、いくつかの存在の国々を経て巡る旅のようすが描かれている。

・大橋良介編『ドイツ観念論を学ぶ人のために』世界思想社、二〇〇六年。
現代の英・独・仏の哲学におけるドイツ観念論像を提示して、理性・倫理・自然・芸術・歴史・宗教などの主要テーマの系譜と展開をたどる。手引きとして主要著作の詳細な解説を付す。

・岡本裕一朗『ヘーゲルと現代思想の臨界――ポストモダンのフクロウたち』（ナカニシヤ出版、二〇〇九年）。
近代を考え抜いたヘーゲルの思想こそが、混迷する二十一世紀を読み解く道標となる。ヘーゲルに関する通説を覆し神話の虚構を暴くことで、ヘーゲルの思想からポストモダンをとらえ直す。

・加藤尚武編『ヘーゲル読本』（法政大学出版局、一九八七年）。
ヘーゲルの時代状況を多角的なアプローチから再現するとともに、ヘーゲル哲学のキーワードを解き明かし、現代思想における位置と役割を問う。

・加藤尚武『ヘーゲルの「法」哲学』（青土社、一九九九年）。
『法の哲学』の本文・注解・補遺はもとより、講義ノートをも解釈して復元する。テキスト・データベースを活用して、ヘーゲルのことばを生き生きとしたドラマティックなイメージに再現し、ヘーゲル思想の核心をくみ尽くす。

・加藤尚武編『ヘーゲル哲学への新視角』（創文社、一九九九年）。
「偉大な体系家」というヘーゲルのイメージを突き崩す論集。新しい全集と講義録の刊行を踏まえ、同時代との対決による影響作用史のなかでヘーゲル哲学の形成史をたどり、体系の完成よりも、新たな経験的素材の導入や時代との対応を重視して独創的な発想を生み続けて格闘した、思想家ヘーゲルの生きた真実に迫る。付録の講義一覧は貴重。
・加藤尚武編『ヘーゲルを学ぶ人のために』（世界思想社、二〇〇一年）。
日本を代表するヘーゲル学者が歴史的・体系的な観点から研究動向を解説する。新資料にもとづいて幅広く作品を検証することにより、二十一世紀を生きる現代人の指針となるさまざまなモチーフを提示する。
・加藤尚武ほか編『ヘーゲルの国家論』（理想社、二〇〇六年）。
ヘーゲル国家論研究にとって不可欠となる資料を備えた書。ヘーゲル国家論の本質、ヘーゲル国家論の展開、資料編の三部にわたり、さまざまな論考を収録する。資料編が充実している。
・加藤尚武編『理性の劇場――カントとドイツ観念論』中央公論新社、二〇〇七年。
シリーズ『哲学の歴史』の第七巻で、西洋哲学の全体像を描き出す。啓蒙主義・自然哲学・ロマン主義に焦点を当て、十八世紀から十九世紀までのドイツ哲学を概観した通史である。哲学史年表、クロノジカル・チャート、参考文献が充実している。
・加藤尚武編『ヘーゲル「精神現象学」入門』（講談社、二〇一二年）。
哲学史上もっとも難解にして重要な『精神現象学』を、精緻な読解と丁寧な解説で解き明かす入門書である。感覚から、知覚、悟性、自己意識、理性を経て、精神へ、意識は経験を通して高次に向かい、絶対知へと到達する。複雑に入り組んだ世界の案内と地図を兼ね備えている。
・神山伸弘『ヘーゲル国家学』（法政大学出版局、二〇一六年）。
『法の哲学』『エンチクロペディー』『自然法と国家学講義』を対象に、歴史的な状況を超えて、現代における国家と自由、国家と民主主義の関係を問いただし、ヘーゲルの国家認識を検証して普遍的な学問としての国家学を提示する。
・久保陽一『初期ヘーゲル哲学研究――合一哲学の成立と展開』（東京大学出版会、一九九三年）。
初期ヘーゲルの宗教的・国家的思想の展開のうちに合一哲学の展開を認め、イエナ時代の哲学構想の成立を究明する。

青年期ヘーゲルの自筆草稿を編集したテキストが付く。

・栗原隆『ドイツ観念論からヘーゲルへ』（未来社、二〇一一年）

ヤコービ、ヘルダー、ラインホルト、シュルツェ、シュレーゲル、シェリングらが生み出した言説空間を、ヘーゲルが批判的に摂取して克服する。ドイツ観念論のなかでヘーゲルの哲学生成のダイナミズムを解明する。

・幸津國生『意識と学――ニュルンベルク時代ヘーゲルの体系構想』（以文社、一九九九年）。

初期から後期までの学問の体系における意識の位置づけを発展史的観点から読み解く。ヘーゲルの学問の体系において、意識と学問はどのようにかかわるのか。とりわけ意識はどのように位置づけられるのか。こうした問題点に着目して、ヘーゲルの学問の体系を文献学的・発展的な視点から解明する本格的な研究書である。付録に「ヘーゲルのニュルンベルグ時代ギムナジウム講義題目一覧」がある。

・幸津國生『哲学の欲求と意識・理念・実在――ヘーゲルの体系構想』（知泉書館、二〇〇八年）。

初期から中期・後期までの体系構想を哲学の欲求という一貫したテーマで解明する。精神現象学の体系とエンチクロペディーの体系の違いはどこにあるのか。ヘーゲル研究の歴史を踏まえて、体系における意識の位置づけに注意しながら、イエナ時代からニュルンベルク時代へのヘーゲルの体系構想の発展をたどる。

・権左武志『ヘーゲルとその時代』（岩波書店、二〇一三年）。

ヘーゲルは、フランス革命とその後の激動の時代にどのように向き合い、過去の思想をいかに読み替えて、自らの哲学体系を作り上げていったのか。『精神現象学』『法の哲学』『歴史哲学講義』を中心とする体系の形成プロセスを歴史的文脈のなかで再構成し、思想の影響力について考える。

・佐藤康邦『教養のヘーゲル『法の哲学』――国家を哲学するとは何か』（三元社、二〇一六年）。

堅苦しく国家や社会を論じるのではなく、人間通のヘーゲルという側面を取り出す。難解きわめるヘーゲル『法の哲学』を解きほぐして、その全体像をわかりやすく解説し、新鮮な知識を提供する。

・高山守『ヘーゲルを読む――自由に生きるために』（左右社、二〇一六年）。

いかにして自由は可能なのか。カントの二元論を乗り越えてヘーゲルが追求したのは、私たちが自由に生きる、その哲学的根拠である。『精神現象学』をはじめ、難解で知られるヘーゲル哲学の全体像を自由の哲学として読み直す。

・滝口清栄『ヘーゲル『法（権利）の哲学』――形成と展開』（御茶の水書房、二〇〇七年）。
整合的なヘーゲル体系という既成概念を退けて、公と私をモチーフにして人倫的共同体の形成と展開を解明していく。人倫的な共同体を構想するヘーゲルの思想の形成過程を描き出し、ヘーゲルの思想的格闘を表現する『法の哲学』を通して、整合的な体系に安住したベルリン時代のヘーゲルという定説を覆す。

・滝口清栄『ヘーゲル哲学入門』（社会評論社、二〇一六年）。
ヘーゲルの伝記と思想をやさしいことばで解きほぐして、読者に呼びかける初級者向けの入門書である。入門書でありながらも、最新の研究情報を吸収していて、なおかつ、研究の水準を落としていないところがよい。ヘーゲルの作品を丁寧にたどっていて、読者をヘーゲル哲学へと誘う格好の入門書である。はじめてヘーゲル哲学に触れる人に向いている。

・飛田満『意識の歴史と自己意識――ヘーゲル『精神現象学』解釈の試み』（以文社、二〇〇五年）。
『精神現象学』の核心をなす「自己意識」についての研究書。自分自身の確信の真理という自己意識の本質と、いわゆる「主人と奴隷の弁証法」という自己意識の展開を通して、『精神現象学』にダイナミックに迫る。日独の研究に目配りが行き届いている。

・福吉勝男『自由と権利の哲学――ヘーゲル「法・権利の哲学講義」の展開』（世界思想社、二〇〇二年）。
自由主義者ヘーゲルが時代と格闘しつつ展開した『法哲学講義』。現代思想の原点に屹立するヘーゲルをどう解釈するのか。国民の自由と権利を基軸にして、『法の哲学』と第一回から第六回までの講義録の相異を考察し、現代人に生きる指針を与える。

・福吉勝男『現代の公共哲学とヘーゲル』（未来社、二〇一〇年）。
国家権力と闘い、国民の自由を擁護した進歩的な哲学者としてヘーゲルをとらえ直す。公共哲学の伝統的な三項論「私―公共―公」を、「市場―市民社会―国家」へと転換し、さらには「自助―共助―公助」からなる福祉モデルへと拡張していく。

・山崎純『神と国家――ヘーゲル宗教哲学』（創文社、一九九五年）。
ベルリン時代の四回にわたる『宗教哲学講義』の発展史研究。最新のテキストを駆使して宗教哲学の展開を解明する。

・寄川条路『ヘーゲル『精神現象学』を読む』（世界思想社、二〇〇四年）。
実体＝主体説を切り口に、ヘーゲルの『精神現象学』を分かりやすく解説した入門書。西洋近代哲学を代表する記念碑的労作として、ヨーロッパの思想文化を今日にいたるまで規定しているヘーゲルの主著を、実体と主体という二つのキーワードを切り口にして軽快に解き明かす読み物である。「実体は主体である」という、いわゆる実体＝主体説を唱えて、平易なことばでヘーゲル哲学のエッセンスを提供する。

・寄川条路『ヘーゲル哲学入門』（ナカニシヤ出版、二〇〇九年）。
ヘーゲル哲学への本格的な導入をめざすコンパクトな手引きでありながら、かなり大きなスケールを用いた少し歯ごたえのある中級者向けの入門書である。ヘーゲル哲学の主要なテクニカルタームの解説を付録として載せ、さらにファーザー・リーディングとして、コメント付きの文献案内も載せている。幅広く哲学的な思考に関心を持っている人にお薦めしたい。

・寄川条路『新版　体系への道——初期ヘーゲル研究』（創土社、二〇一〇年）。
未刊の資料をもとに、文献学的・発展史的な研究方法を用いて初期ヘーゲル哲学の転換点を提起する。初期のヘーゲル哲学の神学的・宗教的な側面を、社会的・政治的な側面と関連づけながら、哲学的な体系を構築する道のりとして再構成する。初期ヘーゲルの文献学的・発展史的研究の典型であり見本である。

・寄川条路編『ヘーゲル講義録入門』（法政大学出版局、二〇一六年）。
ヘーゲルの著作の多くを占める講義録テキストの編集・成立過程を丹念に跡づけ、研究に新局面を開いたペゲラー編『ヘーゲル講義録研究』に続き、現代日本のヘーゲル研究者が各講義録の核心を読み解く。新しい全集に依拠して、従来の解釈を更新する一冊である。論理学、形而上学、自然哲学、精神哲学、法哲学、国家学、歴史哲学、美学、芸術哲学、宗教哲学、神学、哲学史など、すべての講義を扱う。

・日本ヘーゲル学会編『ヘーゲル哲学研究』（こぶし書房、一九九五年〜）。
学会活動を記録する年刊の学会誌。講演・シンポジウム・論文・書評などからなる。巻末にはヘーゲル関連の日本語文献目録がある。学会のホームページからも「ヘーゲル日本語文献目録」を見ることができる。

あとがき

ヘーゲル哲学について書かれた本はたくさんあるが、そのなかでも著者がとくにお薦めしたいのはつぎの二冊である。一つめは、アカデミー版『ヘーゲル全集』の第一部「著作集」を概観したオットー・ペゲラー編『ヘーゲルの全体像』（以文社、一九八八年）であり、二つめは、アカデミー版『ヘーゲル全集』の第二部「講義録」に的を絞ったオットー・ペゲラー編『ヘーゲル講義録研究』（法政大学出版局、二〇一五年）である。この二冊を一読すると、ヘーゲル哲学の全体像とドイツのヘーゲル研究のようすがよくわかる。

ヘーゲルの哲学の特徴を一言で表現すれば、それは、『ヘーゲル全集』の第一部「著作集」からわかるように「体系」の哲学であり、第二部「講義録」からわかるように「講義」の哲学であった。

日本にもヘーゲル関連本はたくさんあるが、著者がお薦めするのはつぎの二冊である。一つめは、寄川条路『ヘーゲル哲学入門』（ナカニシヤ出版、二〇〇九年）であり、二つめは、寄川条路編『ヘーゲル講義録入門』（法政大学出版局、二〇一六年）である。前者は、西洋哲学史のみならず、古今東西の哲学的な思考や思索に関心を持っている読者に向いているし、後者は、右のオットー・ペゲラー編『ヘーゲル講義録研究』（法政大学出版局、二〇一五年）を更新したものであり、ドイツのヘーゲル研究にならった最新の成果なので、本格的な哲学研究に触れてみたい読者に向いている。

さらに、現代とのかかわりで、ヘーゲル哲学のアクチュアリティを求めている人には、寄川条路編

『ヘーゲルと現代思想』（晃洋書房、二〇一七年）および寄川条路編『ヘーゲルと現代社会』（晃洋書房、二〇一八年）をお薦めしたい。この二冊はともに、日本のヘーゲル研究者によるヘーゲル哲学への簡便な案内であるが、日本の研究状況を踏まえながらも、そこから一歩を踏み出して、現代思想や現代社会との対話と対決というテーマで、新しいヘーゲル像を描き出している。

著者としては、以上の文献でヘーゲル哲学と研究の現状を知ってもらえれば、この上なくうれしい。最後になったが、本書の出版を勧めてくれた晃洋書房の丸井清泰氏と、いつもながら丁寧な編集を心がけてくれた石風呂春香氏に、厚くお礼申し上げる。

寄川条路

二〇一八年　秋

《著者紹介》
寄川条路（よりかわ　じょうじ）
1961年，福岡県生まれ．ボーフム大学大学院修了，文学博士．現在，明治学院大学教授．単著に『新版　体系への道』（創土社，2010年），『ヘーゲル哲学入門』（ナカニシヤ出版，2009年），『ヘーゲル『精神現象学』を読む』（世界思想社，2004年），『構築と解体』（晃洋書房，2003年），編著に『ヘーゲルと現代社会』（晃洋書房，2018年），『ヘーゲルと現代思想』（晃洋書房，2017年），『ヘーゲル講義録入門』（法政大学出版局，2016年），単訳にローゼンクランツ『日本国と日本人』（法政大学出版局，2015年），編訳にヘーゲル『美学講義』（法政大学出版局，2017年），ペゲラー編『ヘーゲル講義録研究』（法政大学出版局，2015年），『初期ヘーゲル哲学の軌跡』（ナカニシヤ出版，2006年）など．

ヘーゲル
――人と思想――

2018年11月30日　初版第1刷発行　＊定価はカバーに表示してあります

著者の了解により検印省略

著　者　寄川条路©
発行者　植田　実
印刷者　西井幾雄

発行所　株式会社　晃洋書房
〒615-0026　京都市右京区西院北矢掛町7番地
電話　075(312)0788番(代)
振替口座　01040-6-32280

装丁　㈱クオリアデザイン事務所　印刷・製本　㈱NPCコーポレーション
ISBN978-4-7710-3117-3

人名索引

〈ア　行〉

アスヴェルス，グスタフ（Gustav Asverus）　15
アドラー，アドルフ・ペーター（Adolph Peter Adler）　142, 143
アリストテレス（Aristoteles）　87, 120, 148
アルテンシュタイン，カール・フォム・シュタイン・ツム（Karl vom Stein zum Altenstein）　13, 132
アンティゴネー（Antigone）　155, 162-164
イェシュケ，ヴァルター（Walter Jaeschke）　129, 178, 179
イエス（Jesus Christus）　4, 22-27, 33, 34, 133
イソクラテス（Isokrates）　99
今泉六郎　8
今村仁司　181
ヴァイセ，クリスチャン・ヘルマン（Christian Hermann Weisse）　132
ヴェルダー，カール（Karl Werder）　132
ヴェルネブルク，ヨハン・フリードリヒ・クリスチャン（Johann Friedrich Christian Werneburg）　7
生方卓　131, 133
海老澤善一　19, 47, 89, 129, 181
エルトマン，ヨハン・エドゥアルト（Johann Eduard Erdmann）　132, 134
エンゲルス，フリードリヒ（Friedrich Engels）　134, 139
オーレルト，アルベルト・レオポルド・ユリウス（Albert Leopold Julius Ohlert）　124
岡本裕一朗　181
奥谷浩一　19

〈カ　行〉

片柳榮一　22
カッシーラー，エルンスト（Ernst Cassirer）　144, 145
加藤尚武　19, 64, 177, 178, 180-182
ガブラー，ゲオルク・アンドレアス（Georg Andreas Gabler）　18, 131-133, 135
ガブリエル，マルクス（Markus Gabriel）　135, 155, 164-166
神山伸弘　119, 179, 182
カル，ジャン・ジャック（Jean-Jacques Cart）　6, 29, 34
カルガニコ，カール・アントン（Karl Anton Carganico）　124
カローヴェ，フリードリヒ・ヴィルヘルム（Friedrich Wilhelm Carové）　131, 136
ガンス，エドゥアルト（Eduard Gans）　15, 16, 18, 124, 131, 132
カント，イマヌエル（Immanuel Kant）　3, 4, 6-8, 23-25, 27, 28, 36, 38, 47, 85, 113, 114, 116, 119, 135, 161, 162, 165, 179, 182, 183
キケロ，マルクス・トゥッリウス（Marcus Tullius Cicero）　2
キューゲルゲン，ゲルハルト（Gerhard Kügelgen）　123
キルケゴール，セーレン（Søren Kierkegaard）　142, 143
クヴァドフリーク，ディルク（Dirk

Quadflieg)　159
クルーク，ヴィルヘルム・トラウゴット（Wilhelm Traugott Krug）　7, 8, 47
クレオーン（Kreon）　164
クロイツァー，フリードリヒ（Friedrich Creuzer）　123
クワイン，ウィラード・ヴァン・オーマン（Willard van Orman Quine）　146
ゲーテ，ヨハン・ヴォルフガング（Johann Wolfgang Goethe）　9, 10, 19, 124, 160
ゲールト，ペーター・ガブリエル・ファン（Peter Gabriel van Ghert）　91, 92, 135
ゲッシェル，カール・フリードリヒ（Karl Friedrich Göschell）　124, 132, 133
ケプラー，ヨハネス（Johannes Kepler）　6, 46
ゲルシュテッカー，カール・フリードリヒ・ヴィルヘルム（Karl Friedrich Wilhelm Gerstäcker）　7
ゲレス，ヨハン・ヨーゼフ（Johann Joseph Görres）　124, 129
幸津國生　101, 183
上妻精　46, 47, 89, 92, 120, 121, 130, 177, 179
コツェブー，アウグスト（August Kotzebue）　14
コンラーディ，カジミール（Kasimir Conradi）　132

〈サ　行〉

座小田豊　23, 181
佐藤和夫　115
佐藤康邦　121, 183
ザント，カール・ルートヴィヒ（Karl Ludwig Sand）　14
シェイクスピア，ウィリアム（William Shakespeare）　2
ジェイムズ，ウィリアム（William James）　161
シェーラー，マックス（Max Scheler）　161
シェリング，フリードリヒ（Friedrich Schelling）　3-9, 16, 19, 27, 35-40, 43, 46, 47, 82, 135, 179, 180, 183
四日谷敬子　94
ジジェク，スラヴォイ（Slavoj Žižek）　150, 151
シバーン，フレデリック・クリスチャン（Frederik Christian Sibbern）　142, 143
柴田隆行　138
シャート，ヨハン・バプティスト（Johann Baptist Schad）　8
シャラー，ユリウス（Julius Schaller）　132
シューバルト，カール・エルンスト（Karl Ernst Schubarth）　124
シュティルナー，マックス（Max Stirner）　134, 140
シュトラウス，ダーフィト（David Strauß）　133-135
シュトル，ゴットロープ・クリスチャン（Gottlob Christian Storr）　2
シュヌラー，クリスチャン・フリードリヒ（Christian Friedrich Schnurrer）　2
シュライアーマハー，フリードリヒ（Friedrich Schleiermacher）　14, 100
シュルツェ，ゴットロープ・エルンスト（Gottlob Ernst Schulze）　18, 99, 183
シュルツェ，ヨハネス（Johannes Schul-

ze）　18
シュレーゲル，アウグスト・ヴィルヘルム（August Wilhelm Schlegel）　8, 124, 183
シュレーゲル，フリードリヒ（Friedrich Schlegel）　100, 183
ショーペンハウアー，アルトゥル（Arthur Schopenhauer）　16
シンクレア，イザーク（Isaac Sinclair）　4, 5
スターリン，ヨシフ（Joseph Stalin）　139
ステュアート，ジェームズ（James Steuart）　6
セラーズ，ウィルフリド（Wilfrid Sellars）　146
ソクラテス（Sokrates）　99
ソフォクレス（Sophokles）　162
ゾルガー，カール・ヴィルヘルム・フェルディナント（Karl Wilhelm Ferdinand Solger）　124, 129

〈タ　行〉

ダウプ，カール（Karl Daub）　15, 88, 131, 132, 135
高田純　137
高柳良治　111, 117, 121
滝口清栄　116, 180, 184
武田趙二郎　21
ツヴィリング，ヤーコプ（Jacob Zwilling）　4
テイラー，チャールズ（Charles Taylor）　155-158
ディルタイ，ヴィルヘルム（Wilhelm Dilthey）　25, 33, 34, 179
デ・ヴェッテ，ヴィルヘルム（Wilhelm de Wette）　14
デカルト，ルネ（Rene Descartes）　99
デリダ，ジャック（Jacques Derrida）　162
トゥキュディデス（Thukydides）　120

〈ナ　行〉

ナポレオン・ボナパルト（Napoléon Bonaparte）　9, 10, 110
南條文雄　112
ニートハンマー，フリードリヒ・イマヌエル（Friedrich Immanuel Niethammer）　11, 82, 83, 87, 88, 91, 92, 100, 102
ニーブール，バルトホルト・ゲオルク（Barthold Georg Niebuhr）　120
西周　100
ニュートン，アイザック（Isaac Newton）　7, 46
ノール，ヘルマン（Herman Nohl）　33

〈ハ　行〉

ハーバーマス，ユルゲン（Jürgen Habermas）　161, 162
ハーマン，グレアム（Graham Harman）　124
ハーマン，ヨハン・ゲオルク（Johann Georg Hamann）　124
ハイデガー，マルティン（Martin Heidegger）　161
ハイネ，ハインリヒ（Heinrich Heine）　15, 17, 18, 126, 132, 136
ハイベア，ヨハン・ルズヴィ（Johan Ludvig Heiberg）　142
バウアー，エトガー（Edgar Bauer）　133, 134, 138, 140
八田隆司　24
パトナム，ヒラリー（Hilary Putnam）　146

バトラー, ジュディス (Judith Butler) 155, 159, 162, 163
ビュデ, ギヨーム (Guillaume Budé) 99
ヒュルゼマン, カール・フリードリヒ (Karl Friedrich Hülsemann) 124
平野英一 128
廣松渉 140, 178
ヒンリヒス, ヘルマン・フリードリヒ・ヴィルヘルム (Hermann Friedrich Wilhelm Hinrichs) 131, 132
ファトケ, ヴィルヘルム (Wilhelm Vatke) 132
ファン・ゲールト, ペーター (Peter van Ghert) 91, 92, 135
フィッシャー, クーノ (Kuno Fischer) 19
フィヒテ, ヨハン・ゴットリープ (Johann Gottlieb Fichte) 4, 7, 13, 17, 32, 35-39, 46, 47, 93, 104, 179
ブーターヴェク, フリードリヒ (Friedrich Bouterwek) 7, 47
フェルスター, フリードリヒ (Friedrich Förster) 17, 18
フォイエルバッハ, ルードヴィヒ (Ludwig Feuerbach) 15, 134, 137, 138
福吉勝男 184
藤原保信 113, 114
フッサール, エトムント (Edmund Husserl) 165
フラット, ヨハン・フリードリヒ (Johann Friedrich Flatt) 2
プラトン (Platon) 3
ブランダム, ロバート (Robert Brandom) 146-148
フリース, ヤーコプ・フリードリヒ (Jakob Friedrich Fries) 88
フリードリヒ大王 (Friedrich der Große) 110, 123
ブルーメンベルク, ハンス (Hans Blumenberg) 144, 145
ブルクハルト, ルートヴィヒ (Ludwig Burckhardt) 10, 11
フルダ, ハンス・フリードリヒ (Hans Friedrich Fulda) 19
フロイト, ジークムント (Sigmund Freud) 161
フロムマン, カール・フリードリヒ・エルンスト (Carl Friedrich Ernst Frommann) 10, 12, 92
フンボルト, ヴィルヘルム (Wilhelm Humboldt) 104, 124, 129
ヘーゲル, イマヌエル (Immanuel Hegel) 12, 16, 17
ヘーゲル, カール (Karl Hegel) 12, 16, 17, 18
ヘーゲル, マリー (Marie Hegel) 11, 12, 17, 18
ペゲラー, オットー (Otto Pöggeler) 179, 185, 187
ヘス, モーゼス (Moses Hess) 134, 140
ヘニング, レオポルド (Leopold Henning) 15, 18, 124, 134, 136
ヘルダー, ヨハン・ゴットフリート (Johann Gottfried Herder) 183
ヘルダーリン, フリードリヒ (Friedrich Hölderlin) 2-5, 19, 26-28, 30, 43, 180
ヘロドトス (Herodotos) 120
ボーヴォワール, シモーヌ・ド (Simone de Beauvoir) 152
ボーデ, ヨハン (Johann Bode) 7
ホトー, ハインリヒ・グスタフ (Heinrich Gustav Hotho) 15, 18, 122, 125, 129, 132, 136
ホネット, アクセル (Axel Honneth)

148, 149, 158, 159
ポリュネイケース (Polyneikes) 163

〈マ　行〉

マーテンセン，ハンス・ラッセン (Hans Lassen Martensen) 142
マールハイネッケ，フィリップ (Philipp Marheineke) 15, 17, 18, 132, 136
マクダウェル，ジョン (John McDowell) 146, 148, 149
マルクーゼ，ヘルベルト (Herbert Marcuse) 134, 139
マルクス，カール (Karl Marx) 134, 138, 139, 158
ミシュレ，カール・ルートヴィヒ (Karl Ludwig Michelet) 15, 18, 132, 134
ミュラー，ヨハネス (Johannes Müller) 120
ミュンスター，ヤコブ・ペーテル (Jacob Peter Mynster) 142
ミルズ，パトリシア (Patricia Mills) 152
メーメル，ゴットリープ・エルンスト・アウグスト (Gottlieb Ernst August Mehmel) 7, 8
モンテスキュー，シャルル・ド (Charles de Montesquieu) 120

〈ヤ　行〉

ヤコービ，フリードリヒ・ハインリヒ (Friedrich Heinrich Jacobi) 8, 47, 92, 123, 183
山口誠一 96
山田忠彰 97, 121
ヨーゼフ２世 (Joseph II.) 110
寄川条路 34, 63, 129, 140, 154, 168, 179, 185, 187, 188

〈ラ　行〉

ライプニッツ，ゴットフリート (Gottfried Leibniz) 99
ラインホルト，カール・レオンハルト (Karl Leonhard Reinhold) 36, 100, 183
ラウパッハ，エルンスト (Ernst Raupach) 124
ラカン，ジャック (Jacques Lacan) 150, 151
リヴィウス，ティトゥス (Titus Livius) 120
ルイス，デイヴィッド (David Lewis) 146
ルーゲ，アーノルド (Arnold Ruge) 134, 138
ルカーチ，ジェルジ (György Lukács) 139, 155, 158-160
ルソー，ジャン＝ジャック (Jean-Jacques Rousseau) 180
ルター，マルティン (Martin Luther) 4, 14, 127, 178, 179, 185
レーニン，ウラジーミル (Vladimir Lenin) 139
レスラー，クリスチャン・フリードリヒ (Christian Friedrich Rösler) 2, 134
レッチャー，ハインリヒ・テオドール (Heinrich Theodor Rötscher) 132
ローゼンクランツ，カール (Karl Rosenkranz) 15, 18, 132-134, 137, 140
ローゼンツヴァイク，フランツ (Franz Rosenzweig) 27, 134, 180
ローティ，リチャード (Richard Rorty) 146

事項索引

〈サ　行〉

〈タ　行〉

〈ナ　行〉

〈ハ　行〉

〈マ　行〉

〈ヤ　行〉

〈ラ　行〉

〈ワ　行〉